AF482472

ENCUENTRA TU CAMINO Y VIVE CON PASIÓN

Guía para una vida extraordinaria;
de abundancia, sanación, evolución y
crecimiento espiritual

ENCUENTRA TU CAMINO Y VIVE CON PASIÓN

Guía para una vida extraordinaria;
de abundancia, sanación, evolución y
crecimiento espiritual

Primera edición: febrero de 2024
ISBN: 978-84-10245-27-3
Copyright © 2024 Saga Géminis
Editado por Editorial Letra Minúscula
www.letraminuscula.com
contacto@letraminuscula.com

Índice

AGRADECIMIENTOS

Quiero agradecer a mi familia, que la utilizo como motivación todos los días, principalmente a mi pareja que me acompañó durante mi proceso de evolución los últimos años y también durante la escritura de este libro.

Agradezco a quien considero mi hija del corazón, con ella aprendo, crezco y me inspiro todos los días.

Agradezco a mis padres y a mi hermana, que directa o indirectamente también contribuyeron en gran medida a mi crecimiento y evolución.

Agradezco a mis guías espirituales que me acompañan y ayudan en lo que necesito todos los días.

PRÓLOGO

¿Alguna vez has sentido...?

¿Un vacío en el estómago incapaz de llenar?

¿Un agujero en el corazón?

¿Falta de propósito?

¿Te has preguntado...?

¿Cuál es el sentido de mi existencia?

¿Este es el camino correcto para mí?

¿Qué estoy haciendo con mi vida?

¿Quiero que el resto de mi vida sea así?

Has intentado llenar estos sentimientos y acallar los pensamientos con comida, cigarrillos, alcohol, relaciones sexuales sin amor, realizando acciones peligrosas o deportes extremos, con drogas.

Estás en una relación o trabajo que no te llena y sentís que no deberías estar ahí, que no es correcto, no estás feliz...

Si te identificas con lo antes mencionado, o con sensaciones y situaciones parecidas, este libro te puede ayudar, o guiar, para ver todo más claro y encontrar tu camino, tu profesión, trabajo deseado, pareja, y todo lo que te imaginas, esperas o deseas para ser feliz y vivir en plenitud.

Escribo este libro a partir de mis experiencias en esta vida. Gran parte de ella, estuve perdido, sintiendo mucho vacío en mi interior, al punto de llegar al dolor físico. Ocultándolo y escondiéndolo. Utilizando distintos métodos para dejarlo de lado y tratar de no sentir.

Nadie a mi alrededor sabía lo que realmente me pasaba, no tenían ni la más remota idea de la profundidad del pozo en el que me encontraba. Sentí mucho tiempo que no había escapatoria y que nada tenía sentido, que tendría que soportarlo el resto de mi vida.

A partir de mi experiencia de vida y sufrimiento, es mi mayor deseo poder contribuir, aunque sea solo un poco, para la vida de alguien que esté pasando por lo que pasé.

Si sentís lo que mencioné o algo parecido, quiero que sepas que hay salida, siempre hay una forma de encontrar la luz y renacer.

Tampoco es necesario encontrarse tan mal para que estas palabras te lleguen y te puedan ayudar, basta con no estar conforme y desear más..., desear abundancia y plenitud.

Todos somos distintos, y nuestro camino también lo es, sin embargo, mi historia te puede inspirar.

Hay puntos en común que todos tenemos en nuestra búsqueda, desarrollo y crecimiento. Por ello, en la segunda parte del libro, te voy a contar lo que todos los seres humanos necesitamos para llegar a la plenitud.

PRIMERA PARTE

MI HISTORIA

Nací siendo varón un día de otoño, el 7 de junio de 1995, en Córdoba, Argentina, para ser más exactos. Me recibió una hermosa familia que rebosaba de amor: mi hermana, que por aquel momento tenía dos años, mi madre y mi padre. Fui deseado, querido y cuidado desde el primer momento en esta vida.

Cabe destacar que, si bien la Argentina, a lo largo de los años, ha tenido varias crisis socioeconómicas, mi familia siempre fue lo que se considera de clase media, y jamás me faltó nada. Siempre tuve mis necesidades básicas cubiertas y tuve juguetes desde temprana edad.

Desde muy pequeño, quedó claro que se me estaba empezando a formar una personalidad introvertida, la misma que me dificultaría la vida años más tarde. A los dos años, me encantaba jugar afuera: corría, andaba en bici y subía a los árboles todo el día.

A temprana edad, ya me podía expresar, sin embargo, no dejaba que nadie se acercara a mí, sentía resistencia y rechazo. Cuando iba a cualquier lugar, y alguien me quería dar un abrazo o un beso para saludarme, me transpiraban las manos y me generaba ansiedad, mi reacción era siempre esconderme detrás de mis padres, con quienes me sentía seguro y protegido. Solo ellos me podían dar abrazos y besos.

A los cinco años, conocí a un amigo que, hoy en día, es mi amigo más antiguo; desde esta edad, considero que no me ha costado hacer amigos independientemente de mi personalidad introvertida.

A los seis, en el día de los Reyes Magos, con mi hermana, fuimos a jugar a la casa de una vecina. Estaba oscureciendo y, al ser un día festivo, en los alrededores se estaban utilizando fuegos artificiales.

En la cochera había poca iluminación, y el perro de los vecinos dormía entre el automóvil y la pared. En ese momento, estaba solo e intenté pasar caminando a su lado muy despacio y sin hacer ruido para no molestarlo, sin embargo, se asustó probablemente debido al ruido de los alrededores.

Todo ocurrió en un segundo: el perro saltó, yo me asusté, al verlo que se dirigía hacia mí cerré los ojos y giré la cabeza hacia la derecha. Me clavó un colmillo entre mi ojo derecho y la nariz, estuve a un par de milímetros de perderlo, y otro colmillo se me clavó en el cachete izquierdo y, debido a mi movimiento de la cabeza, me causó un corte de lado a lado del cachete.

Si me pongo a recordarlo, todavía puedo sentir el diente cortando mi cachete. Sentía la sangre chorreando por mi cara y, al salir de la cochera, me encontré con mi hermana y la vecina. Ellas, al ver lo que me había ocurrido, mientras yo les decía que estaba bien, me acercaron un espejo.

Cuando pude apreciar cómo se encontraba mi cara, me asusté y empecé a llorar.

En ese momento, estaban llegando mis padres a buscarnos. Entre mi madre, que se encontraba un poco más desesperada, y mi padre, siempre más calmado, me llevaron al hospital, donde me hicieron varios puntos. Este suceso dejó un par de cicatrices en mi cara que poseo hasta la actualidad. Años más tarde, en mi adolescencia, en una de mis peores épocas, sumarían a afectar gravemente mi autoestima.

Por motivos laborales, cuando yo tenía siete años, mi padre se mudó a Brasil. Durante dos años, fuimos a visitarlo, paseábamos y conocíamos muchos lugares, a pesar de que los viajes en colectivo y en auto se sentían eternos.

Más tarde, mi madre, mi hermana y yo nos mudamos con él.

Fue difícil dejar todo atrás, amigos, escuela, familia. Ir a un nuevo lugar, ¡incluso con un idioma diferente!

Sin bien me costó, de a poco, me adapté. Empecé a practicar natación y a competir, también ingresé en la banda escolar a tocar la trompeta, me gustaba porque hacíamos viajes para ir a tocar a otros lugares dentro del territorio brasilero.

A veces, sentía complicada la diferencia entre los idiomas, me costaba comunicarme un poco, pero no tuve problemas con el estudio, y mis calificaciones eran buenas, pronto me adapté.

También hice algunos amigos y, a los nueve años, ya me empezaban a atraer las chicas y mi timidez y el miedo a intentar cualquier acercamiento se empezaba a sentir y a dificultar mi vida. Si bien tenía amigos, no era parte de los chicos populares, y me dejaban de lado cuando se juntaban y hacían el juego de la botella por aquel entonces.

A los once años, regresé con mi madre y mi hermana a la Argentina. Fue después de tanto insistir por parte de los tres, ya que extrañábamos nuestro país natal. Mi padre se tuvo que quedar por el trabajo.

Retomé en el último grado la escuela primaria en compañía de mis antiguos amigos y conociendo a nuevos. Pero volver a adaptarme no fue tan fácil porque cada vez sentía más complicada la introversión y el miedo a relacionarme con los demás, principalmente con las mujeres.

ADOLESCENCIA

A los doce años, retomé natación y, a los trece, empecé a competir. Esto causó que mis músculos crecieran y se desarrollaran bastante bien para mi edad. Entre los trece y los dieciséis, empecé a sentir estos cambios positivos y, a mi alrededor, los demás también los notaban, tenía más confianza en mí, me sentía poderoso, me relajé más, se me acercaban las mujeres y tuve mis primeras relaciones afectivas amorosas.

A pesar de todo, en el transcurso de esos años, surgió una sensación muy en mi interior que me decía que en la vida había más, de a poco empecé a sentir un pequeño vacío entre la boca del estómago y el pecho. Esto me hacía sentir insatisfecho. Sin embargo, intenté dejarlo de lado, desoyendo y ocultando lo que sentía bajo mi experiencia positiva de la etapa que estaba viviendo.

No obstante, aun teniendo todo en esa etapa de mi vida, ahí estaba, al acecho, esperando. Era el inicio de algo que más tarde se convertiría en un verdadero pesar, que duraría años, y yo no tenía la menor idea de lo que se acercaba.

Esto llevó a que, como siempre había sentido curiosidad por lo espiritual y el ocultismo, a los quince años, un conocido nos comenzó a enseñar a un amigo y a mí «magia blanca». Nos indicó meditar, y empezamos a realizar viajes astrales.

A mí me costaba un montón, sentía que no podía hacerlo sin importar cuánto me esforzara. Eventualmente, podía lograrlos, sin embargo, el esfuerzo era excesivo y el tiempo que ocupaba para esta actividad era demasiado. Estaba obsesionado con ello, y el resultado no era el esperado.

Los viajes astrales son algo muy interesante, y muy lindo de realizar, son experiencias muy enriquecedoras, siempre y cuando se cuente con una preparación previa y los conocimientos necesarios para aceptar todo lo que esto trae consigo.

Te cuento un par de mis experiencias:

Una experiencia positiva que recuerdo es haber salido de mi cuerpo y estar flotando entre las estrellas, ver planetas y estrellas girando, como en una galaxia. Acercarme y estar presenciando solo esto.

Otra vez, recuerdo estar intentando realizar otro viaje y apenas empecé a salir de mi cuerpo, vi un ser con aspecto de mujer vestida toda de blanco, como con un camisón, parada al lado mío, con las manos extendidas hacia mí, e intentaba tocarme o agarrarme.

La verdad, no es algo que recomiende hacer en la adolescencia, cuando se está empezando a conocer el mundo y con todo lo que sucede en esta etapa.

Empecé a sentir cosas…, las cuales no se encontraban entre los seres vivos y, ocasionalmente, también las veía. Sombras de siluetas, personas que veía de reojo y, cuando me giraba en su dirección, no existían.

En las noches, escuchaba ruidos en los muebles a mi alrededor. En el ropero, en la puerta y en la otra cama que estaba vacía en la habitación..., crujidos o pasos como si hubiera alguien más.

Recuerdo una vez que estaba sentado leyendo en mi cama con el gato acostado y durmiendo al lado de mis piernas. De repente, su cola se levantó, pero no de la forma en la que los gatos mueven la cola, sino completamente extendida. Quedó fija formando un ángulo de setenta y cinco grados. No se movía. Debido a que ya hacía unos días o semanas que sentía ruidos, empecé a sacar fotos con mi celular, un LG de esos viejos con teclas y tapa, apuntando en distintas direcciones.

El cuarto estaba con las luces prendidas y se iluminaba completamente, sin embargo, al sacar una foto sobre la mesa de luz, a unos cincuenta centímetros hacia la izquierda de donde yo estaba, se percibía una sombra de la silueta de una mujer que atravesaba la mesa.

Me aterré, me quedé mirando ese lugar sin ver nada, pero sabiendo que ahí había algo. Me paralicé y estuve así varios minutos, con demasiado miedo como para hacer absolutamente nada. Por el contrario, nada pasó... Los minutos corrieron y el miedo cedió poco a poco. Esa noche, evidentemente, no pude dormir.

Al ser cada vez más recurrente, más tarde creí que me había acostumbrado, pero no fue así y después se demostraría.

EMPIEZA EL CAOS

A los dieciséis, todo empezó a salir mal, se combinaron distintos factores que me afectaron profundamente:

Tuve un par de fracasos en el amor que me hicieron sentir como que se acababa el mundo, que no había nada más después de eso, me hicieron sentir que no valía nada y que no merecía ser amado, que nadie iba a amarme nunca.

Imagino que así es como se sienten todos los fracasos en ese aspecto, pero, cuando uno está saliendo del cascarón y empezando a conocer el mundo, son más dolorosos. Tal vez debido a que son las primeras veces y es completamente inesperado no se conoce esa clase de dolor. Empiezas a soñar con el amor romántico, crees que lo has encontrado, tienes tu primera ilusión al respecto y de repente te lo arrebatan.

Se pronunció un caso grave de acné que hizo descender completamente mi autoestima. Pasé de sentirme bien, con mujeres alrededor y teniendo un buen desarrollo de mi cuerpo y estado físico, como había mencionado anteriormente, a verme lleno de acné y a prestarle más atención a las cicatrices en la cara que me habían quedado por la mordida del perro. Me hizo sentir completamente feo e indeseable, a tal punto que me costaba verme en el espejo día a día.

La dificultad de no poder realizar los viajes astrales como correspondía me hizo sentir completamente inútil y que no podía hacer nada bien. Me llevó a considerar que yo no era capaz de lograr absolutamente nada.

Como también te conté, este asunto era casi una obsesión, el tiempo que le dedicaba era excesivo. Se añadían las consecuencias que estaba generando en mi vida, los seres que sentía y veía, me sentía intranquilo, como si alguien me estuviera siguiendo y acosando todo el tiempo.

Estos seres se aparecían ante mí de un momento a otro, me observaban. Sentía que me daban escalofríos en todo el cuerpo, a la noche hacían ruidos y, cuando se mostraban, en algunos casos, estiraban la mano hacia mí como intentando agarrarme o tocarme, como en la experiencia que te mencioné antes. Estaba aterrado y me costaba dormir.

Instintivamente, me quería esconder y que nadie pudiera verme y encontrarme.

Algunos días eran peores que otros y, así, sin saber cómo, todo se había puesto patas arriba, de repente, me encontré en una espiral que me hundía cada vez más.

Caía en un pozo sin fondo. Sentía un vacío en el pecho y en el estómago. Yo era feo. No merecía amor. No servía para nada. Encima, acosado por seres que ni siquiera estaban realmente presentes y casi sin poder dormir.

Nadie tenía ni idea de cómo me sentía ni lo que me pasaba. No había escapatoria.

Lo sé, contándolo ahora y desde afuera, parece y suena exagerado, sin embargo, es lo que sentía, se caía mi mundo en pedazos.

Acá hago un paréntesis en mi historia y te pregunto:

¿Cómo es posible que haya llegado a tocar fondo si no me faltaba nada?

Tenía una familia que me amaba, amigos, mi cuerpo bien desarrollado y en buen estado físico, no me faltaban alimentos, casa o ropa.

En estas circunstancias, debía estar feliz y agradecido, solo tenía que estudiar y no había ninguna otra responsabilidad. Ese era el mandamiento.

No me malinterpretes, estaba agradecido de lo que tenía, en cambio, lejos estaba de ser Feliz, se me desgarraba el corazón.

Mis allegados me hacían notar lo positivo y mis virtudes, pero internamente yo estaba destrozado, y nada tenía sentido. Me sentía solo e incomprendido, y nadie sabía lo que pasaba en mi interior.

Empecé a refugiarme en las juntadas con mis amigos. Me encantaba estar con ellos y, por breves momentos, me olvidaba de lo que me estaba ocurriendo.

Sin embargo, acá también tenía un gran limitador. Mis padres me protegían, pero eran demasiado exagerados, no me dejaban salir con mis amigos debido a mi edad, entonces me quedaba excluido cuando ellos iban a bailar y se divertían.

Esto, a veces, me hacía sentir distanciado de ellos, al no poder vivir las mismas experiencias y no poder compartirlas. Además, hizo que sumado a mi timidez me dificultara todavía más aprender a relacionarme con los demás en esa etapa de mi vida, cuando era momento para hacerlo; salir de la zona confort y crecer.

Empecé a acudir al alcohol. Las veces que me juntaba con mis amigos de noche en alguna casa o en las raras ocasiones que salía con ellos a boliches o fiestas, me emborrachaba para ahogar las penas y acallar los sentimientos. Para esconder y desaparecer lo que pasaba en mi vida diaria, lo que nadie sabía y no me podían ayudar a resolver.

El equipo de competencia de natación en el que entrenaba se separó, busqué otro club y me fui a probar. Me aceptaron, pero la verdad es que ya no sentía ninguna motivación para seguir entrenando y al final dejé de hacerlo.

Empecé a pasar mucho tiempo con los juegos de computadora durante el día, si no, me la pasaba durmiendo.

En las noches, como también me costaba dormir por los seres que se me aparecían y me acosaban, le dedicaba mucho tiempo a leer libros, tipo novelas policiales o de aventura. Leí cientos. Era una muy buena forma para evadir la realidad, me concentraba, y me metía tanto en las historias que me olvidaba de todo y podía pasar horas leyendo.

Recién cuando no daba más de cansancio, me acostaba, y esos seres ya no me podían afectar porque estaba tan cansado que me dormía en el acto. Era mi forma de escaparme de ellos.

A veces, incluso, no dormía en toda la noche y me iba al colegio con un cansancio tremendo.

En resumen, mi vida estaba completamente descontrolada. Me sentía deprimido y nadie lo sabía. Me refugié en el alcohol, en mis amigos, en los juegos de computadora y en los libros. A veces, dormía de día en vez de dormir de noche. Un completo desastre.

REFLEXIÓN

No importa la clase social, situación económica, el «éxito» que parezca que uno tenga, familia, amigos, pareja, hijos.

Los seres humanos somos imperfectos, cada uno tiene su proceso. La felicidad, la tristeza, la plenitud o el vacío son completamente internos. Tenemos que dejar de juzgar a los demás y concentrarnos en nuestras propias vidas.

NADA es inherente a la felicidad o a la tristeza, y nadie sabe lo que realmente ocurre en el interior de otra persona.

Una persona puede ganar cuarenta millones de dólares al año y estar deprimido, con ansiedad y sentir que nada vale la pena. Otra, puede vivir en el medio de la nada alimentándose de lo que encuentra, sin dinero ni «éxito», y de todas formas vivir en plenitud.

Todos nos acostumbramos a mirar al otro, a ver lo que tiene y lo que no tiene. Cuando alguien tiene lo que consideramos éxito, o simplemente más éxito que nosotros, no nos paramos a pensar cuánto le costó. Creemos que llegó de arriba o, simplemente, no nos importa, y realmente no sabemos si esa persona es feliz o no lo es, si está sufriendo o no.

Y si tiene todo lo que consideramos «necesario» para ser feliz, según nosotros, tienen la obligación de serlo. Entonces, cuando lo vemos desde afuera sufrir o quejarse, no lo tomamos en cuenta, lo minimizamos.

Y la realidad es que no entendemos lo que realmente está pasando en su interior, pero tampoco nos importa porque «tiene todo para ser feliz».

Sin embargo, claro, si alguien tiene menos que nosotros o está en inferioridad de condiciones, según nosotros...

Míralo, pobrecito. ¿Necesitará algo? Hay que ayudarlo.

La única diferencia, si se quiere, es la facilidad al acceso a la ayuda que da tener más dinero, solamente eso. De todos modos, muchas veces tampoco importa el dinero si la persona en cuestión que está sufriendo no es capaz de demostrar lo que siente y pedir ayuda. Más si, por sus circunstancias, todos creemos que está exagerando y que «debería» ser feliz.

Tenemos que, como seres humanos, empezar a ser más empáticos con los demás sin importarnos las circunstancias. Todos somos distintos, tenemos procesos y pesares distintos, sin importar la familia, clase social, amigos, etcétera.

Si conoces a alguien que, según tú, por tener mejores circunstancias de vida, debería estar bien, no es así. Si está sufriendo, échale una mano si lo permite, como te gustaría que lo hubieran hecho o hicieran contigo en la misma situación, porque el dolor y el sufrimiento no reconoce clases sociales o cualquier otra cuestión o circunstancia que uno ponga de excusa. Estamos en este mundo para crecer y ayudar a los demás.

> *«En general, los hombres juzgan más por los ojos que por la inteligencia, pues todos pueden ver, pero pocos comprenden lo que ven».*
> Nicolás Maquiavelo

Por eso debes ser siempre amable

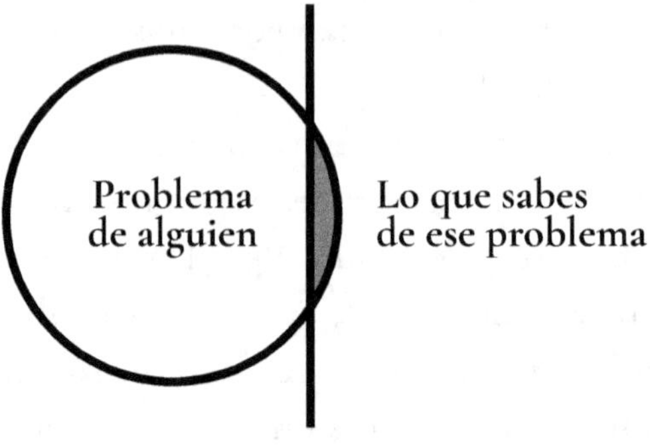

AL ENTRAR EN LA ADULTEZ

Así fue pasando el tiempo y se empezó a atenuar el acné, también de a poco me fueron permitiendo salir más con mis amigos; de tanto ignorar a los seres que sentía y veía, los episodios se empezaron a hacer más esporádicos, hasta que dejó de pasarme completamente.

Al vacío en mi interior, lo sentía menos intensamente, o eso es lo que yo creía. Pero la verdad es que lo oculté muy en el fondo y aprendí a vivir con esa sensación. ¿Qué otra opción tenía?

Egresé del secundario y comencé a estudiar en la facultad, ¡qué tema, la facultad! Al estar perdido y no saber qué hacer con mi vida, le hice caso a mi padre y arranqué a estudiar Ingeniería industrial.

No lo hice por mí, sino porque mi padre deseaba que su hijo fuera ingeniero, solo para hacerlo sentir orgulloso. Por ahí no se habla mucho del tema, pero los padres ponen gran presión en nuestras decisiones, las cuales, la mayoría de las veces, nos llevan por caminos que no deseamos y después nos arrepentimos. Así que empecé a estudiar una carrera que no me agradaba solo por eso.

No solo no era el momento de mayor motivación de mi vida, sino que tenía que ir a estudiar una carrera que no me gustaba, no conocía a ninguno de mis compañeros y no tenía ningún amigo allí.

REFLEXIÓN

Es imperativo, si sabemos lo que queremos de nuestras vidas o lo intuimos ligeramente, que nos encaminemos en dirección a ello. No deberíamos dejar de hacerlo porque nos lo diga un padre, una madre, un hermano, un amigo, una pareja, etcétera. Ni dejarlo de lado, en ninguna circunstancia, no importa lo que sea.

Lo prioritario para cada uno de nosotros es lo que vinimos a hacer en esta vida, nuestro propósito, y nuestro propio camino. Él nos da nuestra razón de ser y las ganas de vivir y de seguir luchando. Nos motiva a seguir adelante y a crecer.

Es entendible que algunos enfrentan circunstancias más adversas que otros, sin embargo, siempre hay forma de encaminarse hacia un sueño. Depende de cada situación, también es posible ir encaminándose poco a poco, tratando de no descuidar las responsabilidades y necesidades del día a día.

No deberíamos perder el tiempo y sentirnos mal o sin propósito por no hacerlo. A la larga, no seguir nuestro camino nos lleva al sufrimiento, a escondernos en vicios y excesos o en la mediocridad.

Ya sea que incurramos en vicios y excesos o que no lo hagamos, eventualmente, al poco tiempo o a los años, se manifiestan síntomas físicos, que luego pueden llegar a ser enfermedades, muchas de las cuales tal vez no tengan cura y no haya vuelta atrás.

«Los únicos sueños que se hacen realidad son los que persigues; si no haces nada, no obtienes nada».
Joseph Atser

Debido a todo lo que me seguía afectando y a que nada me llenaba, dejé de estudiar al completar el primer año. El fracaso de dejar la facultad no hizo más que incrementar mi depresión, porque además mi padre estaba enojado conmigo y me hacía ver que no terminaba nada de lo que empezaba. Había dejado la natación y había dejado de estudiar y no sabía qué hacer.

Él me amaba y no tenía la intención de hacerme daño. Intentaba, a su forma, hacer que me levantara. Él me quería golpear el ego y lastimarme para que, a partir de eso, yo pudiera salir adelante, pudiera encontrar una carrera y algo que hacer en mi vida. Era la forma que él conocía para hacerme reaccionar.

Sin embargo, logró todo lo contrario. Era uno más en mi lista de fracasos. Y, en mi mente, mi padre solo reforzaba el hecho de que yo no servía para nada, no solo lo pensaba yo, sino también mi padre.

REFLEXIÓN

Todos queremos que nuestros hijos sean mejores que nosotros, que no cometan nuestros errores, que nos superen en todo lo que intenten en todos los aspectos de la vida.

Deseamos que cumplan sus sueños, o tal vez... ¿son los nuestros?

¿Realmente pensamos en sus sueños?

Debido a nuestro querer y desear, aunque las intenciones sean las mejores, a veces, somos demasiado estrictos, y demasiado duros, con ellos.

¿Nos paramos a pensar en cómo les afectan nuestras palabras?

¿Nos preocupamos en entender lo que sienten en cada momento?

Tal vez, en nuestro intento de buscar que ellos sean lo que nosotros no pudimos ser, lo único que logramos es hacerlos sufrir, es hacerlos miserables. Y, con nuestras formas de ponernos firmes y estrictos para lograr que «sean alguien», solo logramos lastimarlos.

Es posible que, si ellos no están haciendo lo que nos parece «apropiado», sea porque están siguiendo sus sueños en vez de los nuestros. O en realidad no se encuentran a ellos mismos, están perdidos, tristes o incluso deprimidos, y lo que necesitan de nosotros es soporte, amor y comprensión.

Es necesario que nos planteemos todo esto, porque estoy seguro de que la mayoría de los padres lo único que queremos es lo mejor para nuestros hijos, que ellos sean felices, y la forma que tenemos de intentar que eso suceda solo está logrando lo contrario.

Tenemos que entender que nuestros hijos no somos nosotros, no es nuestra decisión lo que ellos van a hacer de sus vidas. Si bien los traemos al mundo, no somos sus dueños, nuestro trabajo es educarlos y guiarlos, pero no para que se conviertan en lo que nosotros queremos. No para que cumplan nuestros caprichos o los sueños que nosotros no llegamos a cumplir.

Sino para que, a partir de nuestras enseñanzas, ellos puedan valerse por sí mismos en la vida y para que puedan cumplir sus sueños. Para que puedan ser felices y encontrar su camino.

«Tal vez la tarea más difícil de ser padres no es la de controlar el comportamiento de los hijos, sino controlar el propio».
Luther Lakota

Estuve unos meses sin hacer nada de mi vida, pero mis padres no lo aceptaron; debía estudiar o trabajar.

De lunes a sábado, empecé a ir al gimnasio a las ocho de la mañana, después iba a trabajar y recién a las diez de la noche llegaba a mi casa. A esa hora, varios días a la semana salía a correr con un amigo.

Entonces, ese exceso de actividad se convirtió en mi refugio de la semana. Estar ocupado, sumado a tanto cansancio físico, era ahora lo que me impedía pensar y sentir. Seguía barriendo todo bajo la alfombra.

REFLEXIÓN

Todo lo negativo que escondes en tu interior, tarde o temprano te pasa factura. Cuanto más tardes en sacarlo a la luz, mayor va a ser el impacto negativo en tu cuerpo, en tu mente y en tu vida.

Lo primero que causan las emociones negativas es un *shock* y es el mejor momento de aceptarlas y tratarlas. No debemos darnos mucho tiempo para pensarlo antes de actuar.

Lo siguiente que ocurre es que nos empieza a afectar mentalmente. Lo pensamos una y otra vez, o tal vez ni siquiera lo pensamos, sino que lo tenemos en nuestro subconsciente, esperando el momento de atacar. Sin embargo, esto causa que, todo el tiempo o en situaciones particulares, empecemos a actuar diferente, de forma negativa para uno mismo y para los que nos rodean. Puede ser que esto nos lleve a excesos y/o adicciones.

Si se esconde mucho tiempo, empezamos a tener síntomas físicos menores, normalmente se lo llama estrés.

Más adelante, se convierte en una enfermedad para el resto de nuestras vidas o incluso puede llevarnos a la muerte. Siempre es posible hacerle frente a todo esto, sin embargo, cuanto más nos acercamos a las enfermedades, más difícil es que, una vez que sanemos lo que nos esté afectando, nuestro cuerpo vuelva a su estado normal de salud.

Si no le hacemos frente en un primer momento, luego se evade o se «pospone» para tratarlo más adelante. Esto es un grave error porque, lamentablemente, nuestro posponer, a veces, dura años o incluso toda la vida.

Es como cuando queremos hablar con alguien que nos gusta, o queremos saltar en un paracaídas, o tal vez cuando vamos a subir por primera vez a un escenario, son ejemplos tan válidos como cualquier otro. Si lo pensamos demasiado, no lo hacemos, la mejor forma es hacerlo en el primer momento que estemos en la situación.

«No dejes para mañana lo que puedes hacer hoy».

Esto pasa porque tenemos miedo, no queremos salir de nuestra zona de confort, no queremos enfrentar nuestros miedos y nuestras emociones negativas.

La mejor decisión que podemos tomar en nuestras vidas es entrar en acción lo antes posible, es la mejor forma de enfrentar el miedo y la vida, encarar lo más rápido posible a aquella persona que nos gusta, ir por un sueño en el primer momento que lo identificamos y tenemos la oportunidad, saltar en un paracaídas apenas nos asomamos del avión.

Y cuanto antes actuemos y más práctica tengamos en hacerle frente a nuestras emociones, conflictos y miedos, más nos acostumbraremos, se hace un hábito y cada vez es más sencillo hacerlo y salir adelante.

«Pensar no va a superar el miedo, sino la acción».
W. Clement Stone

Casi dos años después, otro cambio llegó para complicar todo todavía más. Nos quedamos sin trabajo. A mi padre lo llamaron para trabajar en Tierra del Fuego, a más de tres mil kilómetros de nuestra casa, y yo lo tuve que acompañar.

Me tuve que alejar de mis amigos, que eran un pilar y un refugio muy importante para mí.

Fui a vivir a una ciudad que no conocía, con un clima totalmente hostil por el frío y el viento extremos, en donde no conocía a nadie a excepción de mi padre. Esto me hizo caer todavía más en la soledad, ya no podía juntarme a conversar, ir a un bar, o salir a bailar con mis amigos.

Salí a correr dos veces, pero el frío me sacaba completamente las ganas y no volví a hacerlo, dejé de hacer actividad física. Estuve cuatro meses prácticamente sin salir de casa.

En enero de 2016, conseguí trabajo en una empresa. Estuve un mes bajo la tutela de alguien que me tenía que enseñar y no lo hacía. No solo no me enseñaba, sino que me daba otros trabajos para hacer, que después presentaba como suyos. Al ser nuevo y sin conocer a nadie, ¿qué podía hacer? ¡Me generaba tanta impotencia! Sentía bronca contenida como si tuviera una pelota dentro del estómago.

Seguía tragando todos mis sentimientos, me ocultaba en sonrisas falsas, cuando por dentro sentía tanta tristeza, ira e impotencia. Y solo contribuía a mi sufrimiento y depresión.

Estuve seis meses en esa empresa. Pasé por distintos puestos y el último mes me volvió a suceder la misma situación que en el primero, me tocó el mismo «tutor». Como no me enseñaba, busqué por mis propios medios aprender lo que necesitaba saber con otras personas que supieran hacerlo. Sin embargo, dado que era un momento de baja para la empresa, me quedé sin trabajo.

Regresé a mi ciudad natal con dinero y me dediqué a estar de fiesta con mis amigos. Tenía un montón de dinero, ya que en ese momento la diferencia de salario por trabajar en Tierra del Fuego era enorme, y tenía la posibilidad de disfrutarlo.

Todavía me la pasaba leyendo y jugando en la computadora para evadir la realidad. Cuando no podía hacer algo de lo mencionado anteriormente, porque mi familia me criticaba, lo que hacía era esconderme en mi cuarto y dormir.

Tuve la oportunidad de irme de vacaciones con mis amigos a Mar del Plata. También de ir a conocer Italia con mi hermana.

La pasé bien, fue un lindo año de tregua después de tanto sufrimiento y agonía. Estuve de fiesta, viajé, disfruté de mis amigos, e hice lo que quise, sin embargo, lo que sentía no se desvanecía, solo seguía permaneciendo escondido.

De todas formas, lo que disfruté ese año hizo que, cuando a mitad de 2017 regresé a Tierra del Fuego, comenzara a añorar volver a Córdoba para poder estar con mis amigos. Cuando volviera, sería feliz.

Hacia el final del año, me volvieron a llamar para trabajar. Después de haber estado un año tan cercano a mis amigos, alejarme sacó a la luz lo que tenía escondido con mayor fuerza, y volví a entrar en depresión, si es que así se le puede llamar, porque nunca fui diagnosticado.

En esa oportunidad, me tocó tener una supervisora inteligente, capaz y buena persona. Entramos juntos con otro compañero, y ella nos guio, enseñó, y trabajó a la par nuestro. Una verdadera líder.

Fui criado con mucho sentido de responsabilidad y con la enseñanza de que siempre hay que esforzarse; en ese sentido, mis padres siempre fueron muy estrictos, y creo que lo llevo grabado en mí. Por lo tanto, imagino que por eso me escondí en el trabajo, me dediqué completamente a él. Iba de mi casa al trabajo y viceversa. Nada más. Me esforzaba al máximo y escondía mis sentimientos en humor y sonrisas falsas.

Mi añoranza por mis amigos duró un par de años. Después, tuvo un final, ya que, en unas vacaciones que fui a verlos, cada uno estaba ocupado con su trabajo, su pareja y su vida llena de tareas. Casi no me prestaron atención.

Ahí me di cuenta de que jamás iba a ser como antes, los tiempos pasados habían quedado atrás. Fueron muy lindos, pero estábamos más grandes, todos teníamos nuestras responsabilidades, y nuestras vidas eran muy diferentes. Jamás iba a ser igual por más que volviera a vivir en mi ciudad natal.

REFLEXIÓN

Nos imaginamos que cuando obtengamos algo específico vamos a ser felices. Cuando tenga «X» auto, celular, pareja, etcétera. En mi caso, cuando volviera a vivir en Córdoba.

Vivir pensando en que seremos felices en el futuro es la receta para el sufrimiento y el desastre, y te explico por qué.

El pasado ya fue, solo vive en nuestras mentes como un recuerdo.

El futuro nunca llega, no existe porque nosotros vivimos en el presente, entonces vamos a esperar eternamente algo que nunca va a llegar.

«Cuando te haces amigo del momento presente, te sientes como en casa dondequiera que estés. Si no te sientes cómodo en el Ahora, te sentirás incómodo dondequiera que vayas».
Eckhart Tolle

REFLEXIÓN

Cuando pensamos que algo externo a nosotros nos va a hacer felices, estamos de lo más equivocados.

Si vivimos corriendo detrás de algo que no tenemos, desde un vacío en nuestro interior, desde la infelicidad, desde el deseo de completarnos con «algo más» o de ocultar, esconder y silenciar lo que pasa en nuestro interior, cuando lo logramos obtener, la felicidad es efímera.

En el momento, nos sentimos bien, «felices», o más bien contentos, pero es un estímulo completamente temporal, no una emoción genuina. Al poco tiempo, ya volvemos a decaer y buscamos otro objeto de deseo al cual perseguir.

Entramos en un círculo infinito de perseguir algo para llenar un vacío. Y solo nos causa una sensación de placer momentánea y, cuando nos damos cuenta de que no funcionó, volvemos a empezar.

El secreto es ser feliz ahora y, a partir de allí, salir a buscar el sueño que queramos, entonces el camino se hace más agradable e incluso disfrutamos y aprendemos durante todo el proceso.

Entonces, el momento de alcanzarlo nos llena de realización y sentimos que todo lo que realizamos durante el camino realmente valió la pena.

A finales de 2018, creo que fue cuando toqué fondo. El vacío del que nadie sabía, que estaba escondido dentro de mí, llegó al límite o por lo menos así lo sentí. Un viernes, estaba sentado a la mesa junto a mi padre, él se levantó y se fue a cenar con amigos. Recuerdo que eran alrededor de las ocho de la noche y todavía era de día.

Yo me quedé sentado de hombros caídos y cabeza mirando al piso. Sentía una tristeza y falta de propósito tal que no me pude mover, nada tenía sentido. No sé cuánto tiempo habrá pasado; cuando caí en la cuenta, llevaba un rato en esa posición y era de noche, estaba completamente a oscuras.

Me levanté muy despacio, y mirando al piso caminé hasta el baño, casi no tenía fuerzas para caminar, sentía que las piernas me pesaban y arrastraba los pies. Al pasar por el frente de mi cuarto, vi de reojo un ángel parado en la entrada, era enorme, ocupaba todo el marco de la puerta. En mi estado, la verdad, no le presté mucha atención, sin embargo, lo noté serio y pacífico, no emanaba ninguna emoción, simplemente estaba allí. Llegué al baño, me lavé la cara y, en el acto, me empecé a sentir mejor.

Toqué fondo y, cuando eso pasa, solo queda salir. A partir de ese momento, decidí cambiar mi situación. No podía permitirme seguir así, había pasado demasiado tiempo con todos estos sentimientos en mi interior, y la vida era demasiado difícil de esa manera, algo tenía que hacer al respecto.

CAMBIO DE CICLO

A partir de mi decisión y esfuerzo para que todo fuera diferente, me puse manos a la obra y considero que empecé a evolucionar realmente.

Intenté ir al psicólogo sin muchos resultados. La verdad, no soy fan de ellos, pero lo intenté y no me sirvió de nada. La psicología tradicional es demasiado lenta y, para que funcione, lo más probable es tener que estar años para obtener resultados. Esto es un criterio personal, hay gente a la que tal vez le funciona, a mí no.

Empecé a intentar meditar nuevamente, esta vez sin intenciones de realizar viajes astrales, pero cuando lo hacía me generaba mucha tristeza, me hacía llorar. Además, sentía que no lo hacía bien y me frustraba, entonces, por algún tiempo lo intentaba y dejaba, después volvía a intentar. Por lo tanto, a partir de ahí hasta hace unos meses, mi meditación fue muy intermitente. Hoy puedo decir que hace unos meses tengo el hábito de hacerlo todos los días o casi todos los días.

También es necesario mencionar que volví a hacer actividad física y es muy bueno, uno no se da cuenta de cuánto lo necesita hasta que empieza a hacer algo nuevamente.

REFLEXIÓN

Tanto si crees y confías en la meditación, o si quieres intentar arrancar con ella para experimentar, lo mejor que puedes hacer para no cansarte es arrancar con diez o quince minutos al día, no es casi nada en tiempo. Por más que sea muy poco, y aunque no te des cuenta, los beneficios son extraordinarios.

Por experiencia propia, te cuento que es muy normal distraerte, sentir que no avanzas y que no sirve para nada. Y cuando te distraes, te frustras porque crees que no lo haces bien y que no sirve hacerlo de esa forma. No es así, por más que nos distraigamos, cuando nos damos cuenta, es solo volver a concentrarnos en la meditación y nada más, hay que relajarse y disminuir las expectativas y solo dejarse llevar.

Con los días, te vas a notar más sereno, con más paz, las cosas que antes te enojaban, tal vez, ya no lo hagan, o no de la misma forma, tendrás más energía durante el día.

Mi recomendación es meditar al levantarse para tener un día productivo y lleno de energía.

MI EVOLUCIÓN EN LA LECTURA

Si me preguntas ahora, la verdad es que no sé cómo empezaron a llegar a mí cada uno de los libros. Sin embargo, empecé a leer los libros que necesitaba en el momento justo.

Esta vez, ya no eran novelas juveniles, policiales o de aventura, y ya no era por esconderme y ocultarme, sino que empecé a leer libros de autoayuda. Ahora, mi intención era aprender y encontrar algo que pudiera sacarme de la situación en la que me encontraba, que me ayudara a crecer y evolucionar.

Traté de tomar lo mejor de cada uno, lo que podía aplicar a mi vida y ver si estaba de acuerdo con lo que en ellos se decía, porque la verdad es que en algunos había cosas muy extrañas que nunca había escuchado y se me dificultaba creerlas. Traté de leer todo con la mente abierta y crítica, tratando de no juzgar, pero analizando a ver qué es lo que me parecía correcto o verdadero.

Lo que podía creer, que me resultara verídico, lo empecé a tomar y a asimilar. Lo que me costaba aceptar, lo estudié más a fondo a ver si era realmente falso o era yo el que estaba negado a esas declaraciones, realidades y conocimientos, y de esta forma limitaba mi crecimiento.

Siempre dejando un margen de duda, pensando y analizando mucho al respecto.

REFLEXIÓN

Muchos de nosotros, en diversas etapas de nuestras vidas, creemos que lo sabemos todo. A veces, es completamente

inconsciente, y no nos damos cuenta, sin embargo, no nos permitimos la oportunidad de aprender cosas nuevas.

Entonces, cuando vemos, leemos o escuchamos algo diferente a lo que nos enseñaron, diferente a la estructura mental que sale de nuestros conocimientos y esquemas, simplemente lo negamos. No tiene cabida de ser real y tal vez sí lo es.

Es más, en muchos casos, los argumentos que nos presentan son completamente válidos, y nosotros buscamos la forma de dar vuelta las palabras o los hechos, y hacemos lo imposible para encajar nuestra visión, por más que sea completamente irreal.

Es muy importante revisar nuestros patrones mentales y analizar si estamos realmente abiertos a aprender cosas nuevas, si no, nos estancamos en lo que creemos que sabemos, en lo que creemos que es la realidad, y no nos damos la oportunidad de aprender y crecer.

No te digo que hay que creer en todo lo que uno lee o en todo lo que dicen los demás, pero es muy importante dejar un margen de duda razonable, analizarlo en profundidad y tal vez probar cosas nuevas. ¡Podrías sorprenderte!

Por ejemplo, una persona que niega la meditación o se ríe de ella.

¿Alguna vez lo intentó?

Si lo intentó y falló, ¿se burla porque realmente no sirve o tal vez haber fracasado o dejado de intentarlo lo lleva a decir que no sirve porque él no pudo?

Si no lo intentó, ¿qué experiencia tiene para decir que no sirve y para juzgar a los que sí lo hacen?

Tal vez, si esta persona, en vez de negarlo y reírse, le diera una oportunidad, cambiaría su opinión a que realmente funciona o, por qué no, tal vez podría cambiar su vida.

Si no hay un margen de duda y una mente abierta para intentarlo, nos estancamos. Estás en esta vida para probar, errar, equivocarte y aprender.

El día que creemos que tenemos la verdad y que lo sabemos todo es el día que dejamos de crecer. Siempre se puede aprender e ir hacia adelante, ¡date una oportunidad!

> *«Mantén la mente abierta, la verdadera ciencia*
> *comienza con la observación».*
> *Muchas vidas, muchos maestros*, Brian Weiss

Leí mucho, no recuerdo todos los libros, sin embargo, cada uno me aportó algo. Te menciono algunos de los que más me acuerdo:

El secreto, de Rhonda Byrne:

Habla sobre la ley de atracción. Sobre usar los pensamientos, nuestra mente, para pedir al universo lo que deseamos. Habla sobre pensar, sentir y permanecer en abundancia para atraer lo que uno desea.

El monje que vendió su Ferrari, de Robin S. Sharma:

Cuenta la historia de cómo un abogado reconocido de Estados Unidos, a partir de un tema de salud, deja todo para viajar a la India y buscar la iluminación espiritual.

El poder del ahora, de Eckhart Tolle:

Leí su saga completa, estos libros se pueden llevar a la práctica rápidamente y están muy buenos. Hablan sobre cómo hay que permanecer en el presente, no en el pasado, ni en el futuro. Hay que prestarle atención al momento en el que estamos, a lo que hacemos, a lo que sentimos, y evitar que nuestra mente se vaya a cualquier lado. Parte de la premisa que nuestra mente es la que nos causa el sufrimiento.

La mirada del Águila, de Sarita Sammartino:

En esta saga se cuentan muchas historias sobre cómo las vidas pasadas, aunque no lo sepamos, afectan la vida actual y cómo hacer para sanarlas. El que más me sorprendió fue el libro *Amores que vienen de vidas pasadas*. Por el título, uno imagina que se trata de volver a encontrarse con un amor de otra vida, ¿no?

Pues no, uno de los temas es cómo nos limitan las promesas y los juramentos. Ejemplo: En otra vida, al momento de la muerte de alguno de los dos, juró amor eterno a su pareja. Esto es muy lindo, sin embargo, en esta vida, no puede entablar relaciones, nadie le resulta lo suficientemente bueno para él o para ella. En definitiva, limita a la persona para tener una relación estable porque sigue esperando aquel amor de otra vida que no logra encontrar en esta.

O, al contrario, se juraron amor eterno y en esta vida se vuelven a encontrar. Se viven pegando y maltratando, llevan adelante una relación muy perjudicial, pero no es posible terminarla, porque ya se enlazaron «eternamente» por un juramento de otra vida. Entonces, no entienden por qué no se pueden separar si son infelices con la relación presente.

Muchas vidas, muchos maestros, de Brian Weiss:
Leí varios de sus libros, este fue el primero. Ellos cuentan cómo él siendo psiquiatra, a través de la terapia de hipnosis y mediante la observación, descubre con una paciente que las vidas pasadas y el espacio entre vidas existen, el más allá. Son muy interesantes y estimulantes sus libros.

Como te comenté, leí incansablemente, y ese fue más o menos mi orden cronológico de lectura, y hay muchos libros que ni siquiera recuerdo sus nombres. Pero no me quedé ahí, después de eso, vino la práctica.

Empecé a implementar las enseñanzas de los libros de Eckhart Tolle, y me resultaron muy beneficiosas. Él habla sobre estar atento al momento presente, sentir la respiración, cada parte del cuerpo, escuchar lo que nos rodea o prestar atención a lo que vemos, podría tomarse como una meditación activa constante; cada vez que me acordaba, lo realizaba, y aún lo hago. Es conocido como _mindfulness_.

El viernes 30 de julio de 2021, recuerdo que mi jefe me llamó a su oficina. Me comentó que había una mujer (yo no la conocía) que trabajaba en la misma empresa que nosotros, en las oficinas de Buenos Aires, y había venido por trabajo. Me dijo que la tenía que llevar al centro de esquí el domingo junto a la hija de mi jefe, la verdad no me dejó opción; aunque no quería, no lo pude evitar.

El sábado a la tarde, tuve una sensación extraña, sentí que debía acostarme a dormir meditando, no sé de dónde surgió, solo supe que tenía que hacerlo y así fue. Al despertarme completamente relajado, en ese estado de somnolencia cuando todavía no abres los ojos, sentí como si alguien hablara en mi cabeza, y dijo algo así como: «Estás por arrancar un viaje del que no hay vuelta atrás, es un camino largo y difícil, pero con muchas recompensas».

Al día siguiente, durante el viaje de aproximadamente tres horas, la hija de mi jefe se durmió, y, charlando con la mujer, le comenté que estaba arrancando a practicar *mindfulness*, y ella me contó que realizaba lecturas de registros akáshicos. Como fui tan amable de llevarla de viaje al centro de esquí, se ofreció a realizarme una sesión gratis una vez que hubiéramos regresado a la ciudad. Ese día la pasamos muy bien en el centro de esquí.

Los registros akáshicos es una dimensión donde se encuentra toda la información de lo que fue, lo que es, y las potencialidades futuras. Al abrir nuestros registros akáshicos, nos comunicamos con nuestros guías y maestros espirituales. Ellos nos dan la información que es relevante, que consideran que necesitamos saber y que nos pueden ayudar en ese momento. No nos van a comunicar algo para lo que no estemos listos aún.

Nos costó poder coordinar día y horario, y ella ya se volvía a Buenos Aires. Ese martes, yo estaba ansioso, me transpiraban las manos y mi corazón latía como loco cuando iba a buscarla al hotel. Estaba completamente aterrorizado de lo que pudieran decir mis maestros y guías espirituales, siempre había estado tan perdido en la vida..., aún lo estaba.

Realizamos una sesión de lectura completamente informal, fui hasta el hotel, ella fue hasta el auto y ahí realizamos la sesión. Cuando abrió mis registros akáshicos, sentí una explosión de energía en la parte superior de mi cabeza, como si fuera un hormigueo y una presión.

En esa sesión, mis maestros me comunicaron que tenía que perdonarme a mí mismo por haber actuado según el nivel de consciencia que tenía en ese momento. Debía sanarme y purificarme de emociones reprimidas, las cuales se alojaban en mi estómago; debía conocerme y buscar actividades que me gustaran para relajarme y encontrarme conmigo mismo, entre otras cuestiones que prefiero guardarme.

Esa sesión me aportó claridad sobre qué debía sanar; tranquilidad, al tener una confirmación del camino que empezaba a transitar, y me incentivó a ir por más. Estaba muy emocionado al saber por fin por dónde comenzar.

REFLEXIÓN

¿Compartir un viaje con esa mujer fue casualidad? No lo creo. Cuando estamos en la búsqueda de sanación, de encontrar nuestro propósito, o de crecimiento y evolución, siempre y cuando nos beneficie a nosotros y a los demás, el universo conspira a nuestro favor.

A partir del momento en que toqué fondo y decidí ver la luz, en que encontré la voluntad de salir adelante y de hallar una nueva forma de vivir, empecé a encontrar libros que ni siquiera me acuerdo cómo llegaron a mí o quiénes me los recomendaron, conocí personas muy espirituales o no tanto, pero me dieron consejos y me guiaron en mi camino, o habían realizado alguna terapia o actividad de la cual yo no había escuchado antes. Entonces, investigué y resultó muy provechoso en mi camino.

Siempre recordar: El Universo, Dios, La Energía, como sea que quieras llamar a eso que está más allá, que no conocemos, siempre conspira a nuestro favor en pos de nuestro crecimiento y evolución espiritual.

«Cuando deseas algo con mucha fuerza, el universo conspira para que realices tu deseo».
Paulo Coelho

PRUEBA DE TERAPIA DE REGRESIÓN

Hacía poco había hecho una amiga en el gimnasio, y empezábamos a hablar de estos temas espirituales. Me sentía muy afín, ya que ella meditaba y había pasado por una experiencia interesante debido a que había tenido que cuidar a su madre un tiempo por temas graves de salud. Me sentía cómodo contándole lo que estaba ocurriendo en mi vida y lo que estaba buscando. Y entiendo que a ella le pasaba lo mismo.

Al día siguiente de mi sesión de registros, nos habíamos juntado a tomar mates, y ella me contó que la madre de una amiga realizaba terapia de regresiones. Me interesó probar, así que le pedí que me consiguiera el número de teléfono.

Coordinamos para el 7 de agosto, estaba muy nervioso. Llegué unos minutos antes a la casa de la señora. Esperé en el auto ansioso y, cuando se hizo la hora, fui a tocar la puerta. Me hizo ingresar, y tuve que esperar en la cocina porque estaba con otros asuntos.

A los diez minutos, me dirigió escaleras arriba a una habitación muy pequeña con una cama y una silla, no recuerdo muy bien de qué conversamos, la verdad. Charlamos unos minutos y arrancamos con la regresión.

Sentí que fue un desastre, pero para nada culpo a la señora, tal vez simplemente no era el momento. Yo estaba muy nervioso y no me podía relajar.

Me recosté sobre la cama, y la señora colocó piedras minerales sobre cada uno de mis chakras. Arrancamos con la relajación, ella me iba guiando. Sin embargo, la ventana empezó a hacer ruidos, crujidos. Yo intentaba concentrarme y seguir su voz, pero no podía, además me empezó a doler el omoplato izquierdo.

Mi atención se iba de la relajación y lo que tenía que visualizar a los crujidos que sonaban a mi alrededor y al dolor que se hacía cada vez más intenso en mi espalda.

Cuando no aguante más, me levanté y corté la sesión, la señora me dijo que intentáramos de nuevo y así lo hicimos. Nuevamente, ocurrió lo mismo, y no pude seguir. Entonces, me pidió que por lo menos me acostara mientras ella hacía una alineación de chakras con el péndulo.

Cuando finalizó, nos pusimos a charlar sobre el tema, y ella me dijo algo muy interesante que quedó en mente.

«La oscuridad no quiere que la luz ilumine, por lo tanto, va a hacer lo posible para que nosotros no nos hagamos paso a la luz, para que no limpiemos la oscuridad en nuestro interior».

MI INICIACIÓN EN REIKI

Unas semanas después, conocí a alguien del trabajo por compartir auto para ir al centro de esquí, y nos hicimos amigos. En uno de los viajes que compartimos, yo me caí y me golpeé muy fuerte. Tuvimos que descender e ir al médico, y me aplicaron una inyección.

Ahí, él me hizo un poco de reiki en la zona afectada; hasta ese momento, no recordaba haber escuchado antes el término, me llamó un poco la atención la imposición de manos, pero no lo tomé muy en serio, de hecho, que me causó gracia.

Durante los siguientes meses, me esforcé por meditar y practicar *mindfulness* siempre que lo recordara.

En septiembre, conversando con una compañera de trabajo, me comentó que conocía una señora que realizaba sesiones de reiki, a la cual acudía cuando se sentía mal, ya que ella sufría de constantes dolores de cabeza.

Ya había aparecido en mi vida un par de veces en esos meses, así que decidí profundizar en el tema e investigar un poco más. A los días, volví a hablar con mi compañera, le pedí que me pusiera en contacto con esa señora y acepté ir a una sesión de prueba..., ¿qué podía pasar?

Fue una experiencia muy agradable. Un sábado alrededor de las once de la mañana, entré en el consultorio, había música relajante y un aroma a sahumerio sumamente agradable. La señora que me atendió era muy amable, me dirigió hasta una camilla y me instruyó que me sacara el calzado, que me recostara cómodamente y me relajara. Allí comenzó con la sesión de reiki, que básicamente consiste en la imposición de manos (sin tocar al paciente) a lo largo de todo el cuerpo.

La sesión duró alrededor de cuarenta minutos, durante los cuales tuve diversas sensaciones. La primera fue una resistencia en mi pecho, una parte de mí no quería estar ahí, se quería ir sin ningún motivo aparente. Luego, pasé a la aceptación y la relajación.

Cuando la señora llegó con la imposición de manos a mi estómago, me generó cierto malestar y recordé lo que había salido tiempo atrás en la sesión de registros akáshicos sobre las emociones reprimidas. Sin embargo, no llegó a ser dolor, solo incomodidad, lo pude tolerar tranquilamente.

Luego, sentí muchísima paz, tan necesaria y anhelada. No recuerdo cuándo la había sentido por última vez antes de aquello.

Al finalizar, la señora me indicó que habíamos terminado, que me levantara cuando me sintiera listo, y se retiró del cuarto. Habría pasado un minuto, y me senté en la camilla, disfrutando de esta nueva sensación de paz y somnolencia. En ese momento, sentí y vi de reojo un ángel nuevamente. Pero, a diferencia de la vez anterior, estaba sonriendo, emanaba paz y felicidad. Fue un instante, y desapareció.

Salí de ahí sintiéndome una persona nueva, con mucha paz y relajado. Me molestaba ligeramente el abdomen, sin embargo, sentía como si hubiera disminuido una carga que tenía en mi interior. Sentí felicidad y me encantó. Debía ir por más y profundizar en esta sensación, tenía que encontrar la manera de que se quedara para siempre en mi vida.

Dada la efectividad de la sesión, durante los meses de octubre y noviembre, busqué quien me pudiera iniciar en el reiki. Por algún motivo, tenía que esperar o no me respondían, también me dijeron que me iban a escribir y nunca lo hicieron. La cuestión es que no encontraba quien me iniciara.

No te voy a mentir, me sentía muy ansioso y frustrado, quería avanzar con este tema y no podía.

En noviembre de 2021, nos juntamos a tomar un café con mi amigo que me había hecho un poco de reiki la primera vez, le conté mi experiencia de la sesión y que estaba intentando encontrar quien me iniciara, pero que no estaba pudiendo hacerlo.

Él me comentó que no solo hacía reiki, sino que era maestro. Le pregunté si me podía iniciar, respondió que no estaba haciendo iniciaciones hacía un tiempo, pero aceptó hacerla.

Tuve que esperar unos días más que su cuerpo se purificara, o sea, él debía comer sano y liviano, no tomar alcohol, y no sé si alguna otra cosa más. Yo igual hice lo mismo de comer sano y no beber alcohol según sus indicaciones.

La iniciación en reiki consiste en la apertura de un canal espiritual para poder conectarnos y canalizar energía que proviene del universo a través de nuestro cuerpo y poder transmitirla a través de las manos.

La primera etapa en la iniciación son veintiún días de autosanación. Sin falta, todos los días, hay que hacer una sesión para sanarse uno mismo.

El 4 de diciembre de 2021, mi amigo, y ahora también mi maestro, me contó la historia del reiki (USUI) y me inició. Luego comencé con los veintiún días de sanación, los cuales fueron extremadamente agotadores.

La molestia en mi abdomen de la sesión realizada con la señora fue una mínima muestra. Al realizarlo todos los días por mi cuenta, la molestia se transformó en dolor. Sentía cómo mi estómago, mis órganos, mis tripas, o vaya a saber qué, hacían un ruido similar al de los truenos. Al poner las manos, parecía como si se moviera algo por debajo.

Además, estaba cansado todo el tiempo y sentía que casi no me podía mover debido al agotamiento.

Mis defensas bajaron, y empecé a enfermarme de gripes fuertes, no solo durante esos veintiún días, sino por los próximos tres meses.

Haber contenido tantas emociones negativas, varios años, hizo que, luego, sanarlas fuera un proceso complicado y, desde ya, nada agradable, pero necesario.

Después de los veintiún días de sanación, empecé a ofrecerles a mi familia y a mis amigos más cercanos ayudarlos cuando tenían algún problema de salud. Varios aceptaron y aún me solicitan de vez en cuando que les haga reiki porque consideran que les ayuda.

REFLEXIÓN

¡El mejor momento de resolver y sanar las emociones, sentimientos o situaciones que nos afectan es... lo antes posible! Cuanto más están dando vueltas en nosotros, más nos debilitan y más difícil es sanarlas. Ya sea energética, mental o físicamente, cada momento que contamos con ello en nuestro sistema nos daña un poco más.

> *«Las emociones reprimidas nunca mueren. Son*
> *enterradas vivas y salen a la luz de la peor manera».*
> **Sigmund Freud**

Si no las tratamos rápido, se van acumulando en nuestro interior, una tras otra, y empiezan a intervenir en nuestro día a día: nos sentimos mal, reaccionamos mal sin ningún motivo aparente, nos enojamos de más por pequeñas cuestiones, hacemos cosas que no deberíamos hacer.

Yendo un poco más allá, empezamos a alejarnos de lo que queremos y lo que nos hace bien, puede afectar nuestras relaciones de pareja, las familiares, y las amistades; empezamos a alejarnos hasta de nuestros sueños y de nuestro camino.

> *«No olvidemos que las pequeñas emociones son*
> *los grandes capitanes de nuestras vidas y las*
> *obedecemos sin darnos cuenta».*
> **Vincent Van Gogh**

Con el correr de los años, se manifiestan síntomas. Ellos nos advierten que estamos al límite y que debemos hacer algo antes de que sea tarde. De no resolverlo, luego se convierten en enfermedades.

Cuanto más demoremos en tratar lo que debamos, más difícil va a ser el proceso de sanación.

«Se ha dicho que el tiempo cura todas las heridas. La verdad es que el tiempo no cura nada. Simplemente pasa. Es lo que hacemos durante el paso del tiempo lo que ayuda o dificulta el proceso de sanación».
Jay Marshall

CONSTELACIONES FAMILIARES

Continué practicando reiki y *mindfulness*, hasta que, un día de abril de 2022, un compañero de trabajo me comentó que había participado de sesiones grupales de constelaciones familiares. Nunca había escuchado del tema, y él me explicó un poco que se trataba de sanar patrones, situaciones, emociones, etcétera, heredadas del árbol familiar, ya sea por parte de madre o de padre.

Si hubo algún daño no sanado en nuestros antepasados, puede ser que lo hayamos heredado y esté en nuestro subconsciente.

Para ese momento, yo me acababa de poner de novio y sentía demasiado miedo de que me fuera infiel, al punto de que lo pensaba casi constantemente. Mi novia nunca me dio motivos de sospecha, no realizó nada que me causara ninguna incomodidad ni que me llevara a pensar que me era infiel o que podía serlo. Al contrario, siempre fue muy ubicada y comprensiva y jamás se metió o causó una situación que justificara mi miedo. Siempre fue muy respetuosa con nuestra relación.

Sin embargo, yo sentía que tenía que estar con ella todo el tiempo y, cuando no estábamos juntos, me generaba ansiedad, me sentía inquieto y no me quedaba tranquilo hasta que la veía de nuevo.

¿De dónde venía todo esto?

Tras un poco más de investigación sobre las constelaciones familiares y sobre dónde las hacían, decidí realizar una sesión para tratar este tema.

REFLEXIÓN

Imagínate que lo que te está afectando hoy es posible que lo haga con generaciones de nuestros descendientes.

¿Te gusta dañar a tus seres queridos?

¿Y, si lo que te daña, dañara a tus hijos?

Ya la vida es de por sí complicada con lo que uno tiene que vivir por uno mismo en el día a día como para tener que heredar problemas de nuestros antepasados.

Por lo tanto, si queremos lo mejor para nuestra descendencia, deberemos primero estar nosotros sanos y en paz, y así poder dejar que esto sea lo que perdure.

Es necesario dedicarse a la propia sanación, si no es por uno mismo, por nuestros hijos.

«Sana antes de tener hijos, para que tus hijos no tengan que sanar por tenerte como padre».
Autor desconocido

¡SEMANA DE CAOS!

Debido a que no había mucha disponibilidad de turnos, lo tuve que sacar con tiempo. El sábado 23 de abril, conseguí un turno para el viernes 29.

Esa semana fue un desastre. Recuerdo haberme sentido cansado toda la semana; en las noches, me costaba dormir, me giraba de un lado a otro en la cama, tuve diferencias en el trabajo con compañeros; llegado el jueves, me peleé con mi novia... Todo sin un motivo aparente o sin razones lógicas.

Fue una semana tan mala que el viernes casi no fui, no tenía ganas, estaba cansado y enojado. Recuerdo ir manejando hasta el local sin ganas de asistir, pasé a comprarme un chocolate para darme un gusto y tratar de mejorar mi humor. Me frené afuera, respiré un par de veces y dije: «Ya fue, ya estoy acá, vamos a intentarlo».

No sé qué me motivó a bajarme del auto, pero lo hice y fui a la sesión. La terapeuta me recibió muy bien y fue muy amable, me agradó en el acto. Sentí confianza y le conté que me estaba dando mucho miedo la infidelidad sin un motivo aparente. Ella utilizó piezas de madera, las ubicó en un tablero para representar a mis ancestros y las relaciones.

Lo que se desprendió de la sesión fue que, en mi familia, por parte de madre, algunas generaciones antes, hubo infidelidad de una mujer a su esposo y eso venía dañando a toda la descendencia.

Fue muy lindo y útil; durante la sesión, casi me largué a llorar. Luego, se me fue el miedo sin sentido que me acosaba y me quitaba la paz. Esto contribuyó a que mi relación mejorara enormemente, que fuera mucho más sana y pudiera prosperar. Además de que no es posible vivir sin paz como me estaba pasando por pensar en ello constantemente.

REFLEXIÓN

Ni siquiera recuerdo el nombre de la señora con la que intenté mi primera regresión, pero, como te comenté anteriormente, recuerdo sus palabras, y qué palabras tan ciertas:

«La oscuridad no quiere que la luz ilumine, por lo tanto, va a hacer lo posible para que nosotros no nos hagamos paso a la luz, para que no limpiemos la oscuridad en nuestro interior».

La terapeuta de constelación, por su parte, cuando le conté al final de la sesión lo que me había sucedido durante la semana previa, me confirmó que esas resistencias suelen surgir cuando uno va a hacer alguna sesión de este estilo.

Pues resulta que, como el universo conspira en favor de nuestra sanación, crecimiento, evolución, y para que podamos regresar a la luz, plenitud y abundancia, la oscuridad hace lo contrario. Hace lo posible para que no recuperemos nuestra luz, prefiere que nuestra alma permanezca sumida en la oscuridad, que estemos perdidos y que no encontremos nuestro camino.

Por ello, es muy posible que, cuando arranques tu proceso de sanación, tengas mucha resistencia. A veces, se va a sentir como algo interno que te frena, como falta de energía y de ganas, o también se puede mostrar como circunstancias externas, como que la gente te empieza a tratar mal, algún incidente que puedas sufrir, o algo por el estilo.

«En medio de la oscuridad, la luz persiste».
Mahatma Gandhi

En los siguientes meses, realicé otras dos sesiones. Una, debido a dolores corporales que me estaban afectando; otra, por una oferta laboral y elección de cursos de estudio. Fueron muy útiles, ya que los dolores cedieron y además pude realizar una correcta elección sobre qué necesitaba en lo laboral y optar por un curso que se adaptaba a mis deseos y necesidades.

AL ENCUENTRO DE MI CAMINO

En julio del año 2022, ya después de haber arrancado con todo mi proceso de sanación y crecimiento espiritual, deseaba más. Sentía que no estaba dando todo lo que podía, ni sanando todo lo que necesitaba. Algo me estaba frenando y limitando, no entendía qué lo hacía, pero ahí estaba.

Sabía muy en mi interior que a mi proceso todavía le faltaba un montón y que no estaba aprovechando todo mi potencial. Me sobraban ganas y voluntad, pero no tenía ni idea hacia dónde dirigirlas, vivía con ansiedad.

Para solicitar un poco de orientación, decidí realizar otra sesión de registros akáshicos, a la cual asistí el 19 de julio. Fui con la misma señora que había realizado constelaciones familiares, ya que, como les comenté, me sentía muy cómodo con ella.

Para contarte sobre esto, me puse a buscar las hojas que escribió la señora en la sesión, y que yo aún conservo. Leyéndolas, encontré mensajes muy interesantes que no recordaba y, al verlos, me dieron escalofríos, porque me sentí y me siento muy identificado con ellos.

Voy a escribir solo lo más relevante de los mensajes, ya que son siete páginas:

«Te cuestionas en lo más íntimo de ti "El Camino". Tú lo sabes, lo sientes y lo duermes».

«Tú viajas de muchas vidas, quizás algunas no fueron lo que tu ser quería, pero todas ellas fueron necesarias para tu sabiduría».

«¡Tú eres uno de nosotros! ¡Sigues negándote a pasar por la vida como un Guía, un Maestro!».

«Tu alma guarda dolor, sánalo, trabaja en ti y en tu lugar en esta tierra, ordena tu interior».

«Conecta con tus dones. Abre tu tercer ojo, tu corona, trabaja con tu conexión».

«Los que han sido llamados a ser maestros solo lo serán si así deciden hacerlo, si se dedican a despertar y compartir su sanación y evolución».

La última es la que me llamó mucho la atención, esto no lo recordaba, sin embargo, hace un tiempo, sentí la inspiración de empezar a escribir este libro y compartir mi evolución y mis aprendizajes para ayudar a los demás.

Ahora que leo esto escrito hace más de un año, tengo la confirmación de que estoy en el camino correcto. Definitivamente, no me considero un maestro, pero es mi mayor deseo que mi vida, lo que pasé y aprendí, pueda inspirar y ayudar a los demás, a sacarlos del pozo en el que se encuentren, a que sepan que una mejor vida es posible y tengan herramientas para lograrlo.

Retomando la historia, lo que más me llamó la atención en el momento fue lo de conectar con mis dones, y el tercer ojo.

Siempre me sentí atraído por el tercer ojo y, por más que cuando era adolescente empecé a ver cosas que me molestaban, aun así, sentía que era algo muy interesante y estimulante. Siempre lo intuí, pero jamás lo tomé en serio como «mi camino». Hoy lo sé, estoy seguro desde el fondo de mi corazón y estoy trabajando en ello.

Pero... ¿Mis dones? ¿Cuáles? ¿Conectar con ellos? ¿Cómo?

Tantas preguntas sin respuestas, empecé a buscar en internet cualquier cosa que me ayudara. Tal vez algún libro. Sin saber cómo, me encontré leyendo de nuevo los libros de Sarita Sammartino.

Como te comenté, en sus libros, cuenta cómo sanar vidas pasadas. Me quedé pensando, ¿y si se pudieran utilizar las regresiones no solo para sanar, sino también para conectar con dones perdidos y olvidados de otras vidas?

No estaba la respuesta a esa pregunta en sus libros; en internet, tampoco había nada por el estilo, pero tenía que existir alguna manera. Yo estaba obsesionado con ello.

Tuve la suerte de poder contactar por Instagram a Sarita y, en septiembre de 2022, realicé una sesión de regresión con ella como terapeuta.

En el momento, lo dudé un montón, para mí era mucho dinero. Lo que pasa es que ella no solo hacía terapia de regresiones, sino que tenía libros y una academia sobre el mismo tema. Su tiempo valía, lo entiendo.

¿Por qué no buscar a alguien más?

Porque ya había intentado realizar una regresión y no había resultado. Tenía que ser con ella, estaba completamente seguro; si alguien me podía ayudar con lo que quería, era Sarita.

La sesión se realizó vía Zoom, primero me entrevistó durante, aproximadamente, unos treinta minutos.

En la entrevista, le conté que quería conectar y recuperar mis dones de otras vidas o con los que estuvieran latentes para surgir en la vida actual; se quedó completamente sorprendida. Me respondió que nunca había hecho eso, y que teníamos que arrancar sí o sí de un síntoma para realizar la sanación. Luego veríamos si era posible redirigir la regresión para poder hacer lo que yo solicitaba.

Quedamos de acuerdo en comenzar la regresión desde el siguiente síntoma: un dolor agudo que, de vez en cuando, surgía en mi pierna izquierda y hacía que me costara un montón caminar y hacer ejercicios.

Yo estaba muy nervioso y tenía miedo de no poder concentrarme, de no ver nada, de no entrar en regresión, ya que me había sucedido antes.

Me recosté en mi cama, arrancamos, y ella me guiaba para ir relajando cada parte de mi cuerpo y llenarlo de luz. Luego invocó la presencia de seres de luz para que nos cuidaran y protegieran. Por último, detalló el síntoma e hizo una cuenta regresiva.

Para mi sorpresa y alivio, pude entrar en regresión. Me sentía como en un sueño, pero estaba completamente consciente. Sabía que estaba en mi cama y la podía sentir, sin embargo, veía algo más y estaba en ese otro lugar al mismo tiempo. Es difícil de explicar si no has hecho una regresión, pero es muy emocionante y te recomiendo por lo menos hacerlo una vez.

Aparecí en una biblioteca, yo sabía que era mía, estaba en mi casa. Yo era un hombre culto, estudioso y adinerado para la época. Estaba muy conforme con mi vida, era feliz. No me dio la sensación de haber tenido familia, y por allí no había nadie. Paseé por la biblioteca y creo que estaba buscando un libro. Como no pasaba nada relevante en esa experiencia, Sarita me hizo avanzar a la siguiente.

En la misma vida, aparecí en las calles de Europa, era alrededor de los años 1800 y 1900, era de madrugada y había faroles en las calles, hacía frío, yo iba vestido de traje, y caminaba muy sereno disfrutando de la paz y tranquilidad de esa noche.

Al girar en una esquina, un hombre se me vino encima de golpe y tenía algo en las manos que resultó ser un arma de fuego. Me quería robar. Fue tan repentino que instintivamente forcejeamos, ni me di cuenta.

Si no me hubiera sorprendido de esa manera, probablemente, le hubiera dado lo que quisiera, sin embargo, no fue así. El arma se disparó, y el tiro me dio en la pierna izquierda, en una vena o arteria importante.

Sentí un dolor increíble, aunque estuviera acostado en mi cama. Además, era el mismo punto desde el que me surgía el dolor en la actualidad, pero en ese momento era casi insoportable.

Me quedé tirado en el suelo desangrándome de a poco, esperando que alguien apareciera y me ayudara. No sé cuánto tiempo pasó, pero nadie llegó, hacía mucho frío, y yo simplemente esperaba. Fallecí ahí en esa vida, tirado solo en una calle.

Recordando lo que yo le había solicitado, Sarita me hizo volver a la biblioteca y me dijo que tomara un libro, el que más me llamara la atención. Había uno que brillaba intensamente, me acerqué a la estantería y lo tomé. Al abrirlo, no vi absolutamente nada al principio, luego parecía que había un portal dentro del libro. A la par de esto, de un momento a otro, en mi mano derecha apareció una especie de bastón o báculo con un orbe verde esmeralda en la punta superior.

Ella me instruyó para que los guardara conmigo y volviera a ir a la experiencia de la muerte, la cual reviví. Cuando llegó el momento en que me quedé tirado en el suelo esperando ayuda, Sarita me preguntó: «¿Cómo está afectando esto en tu vida actual como "Mi nombre"?».

La respuesta surgió de mi boca, yo no tenía ni idea de dónde venía, pero en ese momento estamos en mayor consciencia y nuestra alma sabe; responde por sí misma.

Respondí que, al tener que tomar decisiones importantes, me quedaba esperando que alguien me ayudara y la tomara por mí o que el asunto se solucionara solo.

La experiencia de muerte en esa vida no solo me causaba dolor físico en una pierna de vez en cuando al punto de casi no poder moverla, sino que, además, influía en cómo me comportaba en mi vida actual, en cómo pensaba y reaccionaba frente a la toma de decisiones.

Algo por demás importante que limitaba mi forma de vivir.

Al morir, me indicó que retirara la bala y le hiciera reparación al cuerpo que estaba tirado y sin vida, así lo hice. Luego, que tomara toda la energía que aún quedaba en él y me dirigiera hacia la luz, al espacio al que van las almas cuando se acaba la vida.

Al llegar allí todo era tan blanco, tan luminoso, que casi no se podía distinguir nada. Cuando pude distinguir algo, acababa de entrar en un recinto gigantesco, como si fuera una estación de trenes. Estaba lleno de gente (almas) por todos lados.

Directo en frente de mí, al otro extremo del salón, había una escalera enorme, llegué hasta allá y subí, nuevamente no me preguntes cómo sabía exactamente el camino que debía tomar. Pasé por un pasillo y entré en una sala, en la que me estaba esperando un maestro o guía.

Allí me di cuenta de que tenía nuevamente en mis manos el libro y el bastón. Conversé con mi guía; aunque no recuerdo muy bien lo que me dijo, era lo que necesitaba escuchar en ese momento de mi vida. Le pregunté por el libro y el bastón, y me respondió que eran regalos que iba a tener que aprender a usar, pero no me dijo cómo.

Una vez que le avisé a Sarita que había terminado de hablar con mi maestro, ella me realizó una armonización energética y me indicó que ya me podía levantar.

Otra vez, al finalizar una sesión, volví a sentir mucha paz y a estar muy emocionado. Contento y feliz con lo experimentado, y seguro de que era el camino correcto.

Es increíble cómo experiencias de vidas pasadas nos afectan en esta vida. A veces nos limitan físicamente y otras veces nos causan patrones de pensamiento o formas de actuar que nos condicionan a diario.

Fue tan interesante y estimulante esta experiencia que realmente no hay palabras para describirla, solo mi sincera recomendación de que por lo menos una vez hay que realizar una terapia de regresión.

Sarita me ofreció realizar el curso para ser terapeuta de vidas pasadas, en su escuela La mirada del Águila.

REFLEXIÓN

No todo es lo que parece, necesitamos vivir con la mente abierta y poder adaptarnos a las situaciones y a las circunstancias.

Yo estaba ciento por ciento seguro de que Sarita me iba a poner en contacto con «mis dones», no fue así. Y no volví a intentar utilizar las regresiones con ese objetivo. Sin embargo, mi deseo y voluntad de realizar una regresión con ella me dio la voluntad de gastarme esa cantidad de dinero para vivir una experiencia inolvidable y que contribuyó enormemente a mi sanación y evolución. Y luego me llevó a inscribirme en su curso.

No conseguí lo que esperaba, aunque se abrió una puerta a algo más. A veces no conseguimos lo que esperamos, sino lo que necesitamos en ese momento. Hay que estar atentos para poder identificar la oportunidad y tomarla.

«Cualquier cosa que te ayude a abrir tu mente a la prosperidad vale la pena».
Catherine Ponder

REFLEXIÓN

Un síntoma, ya sea físico, patrón de pensamiento o de acción, es nada más que la punta del iceberg. La realidad es que eso solo es una parte de lo que nos está afectando la experiencia en cuestión.

Como habrán notado, en la regresión que realicé, arrancamos por un dolor de pierna y terminamos descubriendo y solucionando mi incapacidad de tomar decisiones, de dejar que las situaciones se «resolvieran solas».

REFLEXIÓN

Necesitamos sanarnos mucho más de lo que imaginamos. Hay un montón de cosas que nos afectan, de las que no tenemos ni idea, pero están ahí en nuestro interior, interfiriendo con nosotros en el día a día, y en muchos casos minando completamente nuestra felicidad.

Así como descubrimos mi incapacidad de tomar decisiones, tenemos muchos más problemas del día a día que hemos naturalizado porque estamos acostumbrados a vivir con ellos.

Te doy un ejemplo: una madre o un padre que maltrata de manera psicológica y deliberada desde niño a un hijo. Ese niño, cuando crece y recibe ese maltrato de otras personas, ya lo tiene asumido como normal, es así y punto. No se da cuenta de que es incorrecto porque se acostumbró a vivir con ello toda su vida.

De la misma forma que en el ejemplo, tenemos tantos conflictos internos, patrones de pensamiento y actuamos de cierta forma, todo incorrecto y que nos daña a nosotros mismos y a los demás. Todo naturalizado, para nosotros es normal, porque es lo que conocemos y lo que está dentro de nosotros desde toda la vida.

CURSO DE TERAPIA DE REGRESIONES CON SANACIÓN CHAMÁNICA

Me inscribí en el curso que arrancó en octubre de 2022 y finalizó en junio de 2023. No tengo ninguna intención de ejercer como terapeuta, sin embargo, el curso estuvo increíble.

En la primera clase, nos explicaron cómo iba a ser la modalidad. Los primeros dos módulos fueron clases teóricas, a las cuales asistimos el grupo completo de aproximadamente treinta personas. Al completarlos, arrancamos con las clases prácticas, en grupos de cinco. A partir de ahí, fuimos intercalando entre teóricas y prácticas.

Las teóricas fueron interesantes porque aprendimos conceptos y fórmulas para las prácticas, pero estas últimas eran mucho mejores.

Hacíamos regresiones entre los alumnos. Algunas veces, nos tocó de terapeutas y otras de pacientes. Surgieron experiencias de lo más extrañas a partir de pequeños síntomas.

Te voy a resumir mis experiencias más relevantes en orden cronológico:

SÍNTOMA:

Sentía que me costaba meditar y entrar en regresión y, cuando lo hacía, me tenía que esforzar para no perder la concentración y salir de ella, o la veía borrosa, o veía la experiencia como en tercera persona, no la vivía como debía ser.

EXPERIENCIA:

Aparezco entre árboles y me estoy viendo desde arriba, soy hombre, estoy como con un taparrabos.

Compañera: ¿A qué se debe que estés fuera de tu cuerpo?, ¿qué está pasando?

Yo: Parece que estoy buscando algo.

Compañera: ¿Qué estás buscando?

Yo: No lo sé.

Compañera: Fíjate si hay alguien a tu alrededor.

Yo: Hay como una sombra que está detrás de mí y unida a mi espalda, de mi yo que está fuera del cuerpo. No del cuerpo que está abajo, sino del que está flotando.

Compañera: ¿Ves algo más?

Yo: Me separé de mi cuerpo que está flotando y empiezo a ver la sombra desde atrás.

Interviene la profesora: Si supieras, ¿qué es esa sombra?

Yo: Es una parte de mí.

Profesora: ¿Estás seguro? Fíjate bien.

Yo: Mmm…, hay algo más… Detrás de la sombra, surge otra silueta, se le ve solamente la parte superior, parece un cuerpo humano, pero no estoy muy seguro, los ojos son completamente rojos, es un demonio. Parece como si fuera un demonio importante porque detrás de él surgen cientos de siluetas más, como si fueran sus servidores, como si los comandara.

Me empiezo a reír.

Profesora: ¿A qué se debe que te ríes? ¿Qué está pasando?

Yo: Es un demonio que como no pudo conmigo de frente me atacó por la espalda. Lo que hizo fue tomar pensamientos, sentimientos y energías negativas míos de varias vidas. Con esto armó esa sombra que está conectada a mi espalda para frenarme y para limitar mi potencial.

Profesora: Bueno, entonces vas a llamar al Arcángel Miguel, y le vas a pedir que con su espada de luz corte con todo esto, con la sombra que está en tu espalda, y envíe a ese demonio a donde deba regresar.

Se presenta el Arcángel y realiza lo mencionado.

Yo: OK, listo.

Profesora: Bueno, ahora le vas a pedir hilo de oro y plata para cocer lo que necesites en tu campo energético y le vas a pedir que te ayude a sanar y reparar lo que tu alma necesite.

Yo: Listo.

Profesora: Ahora le vas a pedir ayuda para llenar todo de luz.
Yo: Listo.

SÍNTOMA:

Para este momento, ya había superado bastante mi timidez, pero todavía tenía un problema, cuando me tenía que dirigir a un grupo, hablar en público, así tuviera confianza con cada uno de ellos, por ejemplo, amigos o gente del trabajo, me generaba ansiedad, nervios y resistencia en mi interior.

EXPERIENCIA:

Aparezco caminando en un bosque de noche, estoy yendo hacia un lugar específico, soy un hombre, parece que es entre los años 1600 y 1700. Llevo una máscara como de animal puesta en mi cabeza. A lo lejos, veo luces de antorchas y gente reunida.

Cuando estoy llegando, veo que efectivamente hay varias personas, están formando un gran círculo alrededor de una fogata.

Al verme, el círculo se abre, todos llevan máscaras, se dan vuelta hacia mí y me miran. Nadie dice nada, es todo silencio, sin embargo, me dejan espacio para pasar. En el otro extremo del círculo, hay alguien con un cuchillo en la mano, parece el jefe de todos ellos, tiene una máscara diferente, más grande. Más atrás, se encuentra alguien con un atril y un libro muy grande y grueso.

Me acerco caminando despacio, mi estómago es una bola de nervios, estoy ansioso y tengo miedo, sé lo que va a pasar y no lo puedo evitar. Aun así, no me acobardo, no les voy a dar el gusto.

Llego hasta donde está el jefe, el círculo de personas ya se volvió a cerrar. El que está en el atril empieza a leer algo que no entiendo, son palabras extrañas. Me saco la máscara y me inclino.

Me cortan el cuello y me desangro.

(Conversación cuando ingreso al círculo).

Compañera: Si supieras, ¿qué estás haciendo ahí?

Yo: Es un ritual de adoración al demonio.

Compañera: ¿Cómo llegaste ahí? ¿A qué se debe que seas el sacrificio? ¿Te ofreciste?

Yo: Tienen secuestrada a mi familia, si no me entrego para el sacrificio, los van a matar.

(Llegamos hasta la muerte).

Compañera: De esta experiencia, ¿cuál es el momento más terrible o el más importante?

Yo: Cuando llego y todos se dan vuelta y me miran, porque ya sé que me van a matar.

Compañera: ¿Cuáles son tus reacciones físicas?

Yo: Sigo caminando.

Compañera: ¿Cuáles son tus reacciones emocionales?

Yo: Siento nervios en el estómago.

Compañera: ¿Cuáles son tus reacciones mentales?

Yo: Pienso que voy a morir, pero no les voy a demostrar miedo.

Compañera: Y, ¿cómo todo esto de «sigo caminando», «siento nervios en el estómago» y «pienso que voy a morir, pero no les voy a demostrar miedo» afecta tu vida actual como «Mi nombre»?

Yo: Me genera ansiedad hablar en grupo, cuando todos me miran me dan nervios. Sin embargo, los escondo y no dejo que se noten.

Compañera: A la cuenta de tres, vas a volver al momento más terrible y vas a hacer todo lo que no pudiste hacer, lo que tu alma necesite para sanar. Uno... Dos... Tres... Estas ahí, ¿qué estás experimentando?

Yo: No llego al círculo, me escapo y rescato a mi familia. Nos vamos muy lejos de allí y vivimos una vida tranquila y en paz.

(Acá me lleva a revivir la muerte).

Compañera: A la cuenta de tres, vas a ir a momentos antes de tu muerte en esa vida. Uno... Dos... Tres... Estas ahí, ¿qué estás experimentando?

Yo: Me acerco al jefe, el que tiene el cuchillo, están hablando y haciendo el ritual, me inclino y me cortan el cuello.

Compañera: Sientes como te cortan el cuello... ¿Sigues respirando?, ¿tu corazón late?

Yo: No, ya estoy muerto.

Compañera: Bueno, vas a llamar al Arcángel Miguel para que te ayude a reparar tu cuerpo, pídele hilos de oro y plata, siente cómo se repara tu garganta, las cuerdas vocales y todo lo que sea necesario.

Yo: Listo.

Compañera: ¿Tu alma siente que es necesario hacer algo más? ¿Sacar alguna energía oscura? ¿Recuperar alguna parte de tu alma que se hayan llevado en el ritual?

Yo: Sí, solo despedirme de mi familia, no me pude despedir.

Compañera: Bueno, entonces vas a llamar a tu familia... Les vas a dar un abrazo bien fuerte y decirles lo que no pudiste en ese momento.

Yo: Listo.

Compañera: ¿Estás seguro de que no necesitas recuperar una parte de tu alma que haya quedado en la oscuridad por este ritual?

Yo: Sí, estoy seguro, intentaron sacrificar mi alma al demonio, y yo me entregué para que me mataran, pero no entregué mi alma, mi alma es mía y de Dios, nadie la puede tomar en contra de mi voluntad.

Compañera: Bueno, entonces ahora vas a retirar toda la energía de ese cuerpo, que ya no te pertenece, y vas a ver que una luz te viene a buscar para ir a donde van las almas al momento de la muerte. ¿Pudiste retirar tu energía? ¿Puedes ver la luz?

Yo: Listo.

Para resumir, acá voy a la luz y encuentro a mi maestro o guía espiritual. Tuvimos una conversación sobre por qué sucedió esto. Me comentó que las almas de mucha luz como la mía, a lo largo de las vidas, sufren muchos ataques de la oscuridad. Por eso me eligieron para el sacrificio.

SÍNTOMA:

Me enojaba mucho cuando sentía que la gente no me hacía caso en distintos ámbitos, ya fuera en el trabajo o en casa. Cuando no hacían lo que yo creía que era correcto.

EXPERIENCIA:

Aparezco en un bosque, está oscureciendo, soy un hombre muy fuerte, con buen estado físico, tengo alrededor de veinte años. No sé en qué año habrá sido, tengo un machete en la mano, estoy escondido, observando a través de los árboles. Estoy nervioso y enojado.

Hay una fogata y se ven varias chozas, parece un grupo de varias familias, tal vez una tribu. Hay hombres, mujeres y niños.

Yo solo observo sus movimientos, están distraídos, cada uno está en sus cosas, en sus tareas, se están preparando para pasar la noche, nadie se lo espera.

La ira me consume por dentro, quema en mi pecho. Guiado por ella, me hago de valor y salgo de mi escondite.

Me acerco a las chozas, no me importa que me vean, estoy cegado. Los empiezo a matar uno por uno, hombres, mujeres y niños. No me importa nada, soy fuerte y nadie me puede detener. Los mato a todos. Los sorprendí, no tuvieron oportunidad de defenderse.

Llevaba años esperando esto, por fin después de tanto tiempo y esfuerzo, lo pude hacer. Me quedo ahí, viendo los cuerpos por todos lados, la ira y el dolor no se van, persisten e incluso se hacen más intensos cuando baja mi adrenalina.

Compañera: ¿A qué se debe que hayas matado a todos?

Yo: Tenía que hacerlo, se lo merecían.

Compañera: ¿A qué se debe que se lo merecieran?

Yo: Ellos tenían que pagar.

Compañera: Bueno, a la cuenta de tres, vas a ir al momento en que todo esto se inicia, más atrás, al momento que hace que ellos se merezcan que los mates a todos. Uno... Dos... Tres... Estas ahí, ¿qué estás experimentando?

Yo: Tengo trece o catorce años, estoy con dos amigos escondidos entre los árboles.

Compañera: ¿Qué más pasa?

Yo: Yo les digo que no lo hagan, que no va a resultar bien, que me hagan caso, que no deberían hacer esto.

Compañera: ¿Hacer qué?

Yo: Se están por meter en ese pueblo o tribu, quieren robar algo, yo les digo que no lo hagan, pero no me hacen caso, me dicen que me preocupo demasiado, que todo va a estar bien.

Compañera: Bien, sigue.

Yo: Ellos se van, y yo me quedo escondido, solo los veo irse.

Compañera: ¿Y después?

Yo: Nunca vuelven, los descubren y los matan. Me tendrían que haber hecho caso, les avisé. Me siento muy culpable, si hubiera ido con ellos, tal vez los podría haber salvado, o tal vez me tendría que haber esforzado más para que no fueran. Me enojo, ¡cómo los pueden haber matado, solo eran niños! Juro que me voy a vengar, esto no va a quedar así.

Compañera: Y de todo esto, ¿cuál es el momento más terrible, o más importante?

Yo: Cuando estamos escondidos entre los árboles y les digo que no lo hagan, pero no me hacen caso.

Compañera: Y, cuando pasa esto, ¿cuáles son tus reacciones físicas?

Yo: Me quedo quieto, esperando que vuelvan.

Compañera: ¿Cuáles son tus reacciones emocionales?

Yo: Siento enojo porque no me hicieron caso, no debían ir.

Compañera: ¿Cuáles son tus reacciones mentales?

Yo: Que deberían haberme hecho caso, esto no va a resultar bien.

Compañera: Y, ¿cómo todo esto de «me quedo quieto esperando que vuelvan», «siento enojo porque no me hicieron caso, no debían ir» y «deberían haberme hecho caso, esto no va a resultar bien» está afectando tu vida como «Mi nombre»?

Yo: Me enojo cuando los demás no hacen lo que yo quiero o creo que es lo correcto.

Compañera: Muy bien, a la cuenta de tres, vas a volver al momento más terrible y vas a hacer todo lo que no pudiste hacer, lo que tu alma necesite para sanar. Uno... Dos... Tres... Estas ahí, ¿qué estás experimentando?

Yo: Estoy con mis amigos, los freno para que no lo hagan, y me hacen caso. Nos vamos de ese lugar y continuamos con nuestras vidas.

Compañera: Bien, a la cuenta de tres, vamos a ir al momento de tu muerte en esa vida... Uno... Dos... Tres... Estas ahí, ¿qué estás experimentado?

Yo: Estoy muy viejo, en una choza, estoy enfermo. Estoy pensando en mi vida. Después de eso que pasó, tuve familia, me convertí en jefe de mi tribu, pero a raíz de lo que pasé, mi vida fue muy triste. Viví triste y enojado, con la carga de lo que había hecho.

Compañera: Sigue.

Yo: Me relajo y me duermo.

Compañera: ¿Tu corazón late?

Yo: Muy despacito...

Compañera: ¿Tus pulmones respiran?

Yo: No, ya no. Estoy muerto.

Compañera: Muy bien. ¿Qué necesitas hacer para sanar tu cuerpo, tal vez sacar la tristeza y el enojo? ¿Los tienes alojados en alguna parte del cuerpo?

Yo: Si, en el pecho.

Compañera: Bueno, entonces los vas a sacar... Y el espacio que queda lo vas a llenar con luz. ¿Sientes que puedes hacerlo?

Yo: Sí, listo.

Compañera: Muy bien, entonces vas a retirar toda la energía de ese cuerpo que ya no te pertenece y vas a ver cómo viene un rayo de luz a buscarte para ir al lugar a donde van las almas cuando mueren sus cuerpos. ¿Pudiste retirar toda la energía e ir a la luz?

Yo: Sí.

SÍNTOMA:

Todavía sentía que algo me limitaba en mis meditaciones y al realizar regresiones.

EXPERIENCIA:

Soy un hombre joven, de unos veintitrés o veinticinco años, aparezco en un claro, es de noche, y la temperatura está agradable, puedo decir que soy feliz, estoy tranquilo y en paz. Estoy acostado mirando las estrellas, no tengo ninguna familia en el mundo, soy solo yo.

Cierro los ojos y empiezo a flotar, salgo de mi cuerpo. Lo miro desde arriba recostado, y voy a pasear por las estrellas. Tengo mucha práctica en esto, me sale con facilidad y me encanta hacerlo, conocer distintos lugares, planos, dimensiones y mundos.

Mi compañera me hace regresar a cuando era muy pequeño. Tenía unos cuatro o cinco años y era huérfano. Vivía en un pueblo haciendo lo que podía para sobrevivir. Habrá sido entre los años 1000 y 1300, no podría asegurarlo.

Tenía mucha conciencia e inteligencia para mi edad, no sufría, había paz en mi interior, aceptaba las cosas como venían y me adaptaba, y eso que recién tenía cerca de cinco años.

Resulta que un día iba caminando, y apareció un señor de unos cuarenta y cinco o cincuenta años, que todo el mundo conocía en el pueblo, era como un sabio, un curandero, un hechicero. Nos frenamos el uno al frente del otro y nos quedamos mirándonos unos instantes. Instintivamente, nos reconocimos, como si supiéramos que nos conocíamos de otras vidas.

Luego me preguntó si quería ir con él y aprender lo que sabía. Ni siquiera lo dudé, le dije que sí, y nos fuimos juntos.

A lo largo de los años, me instruyó en artes místicas dedicadas al bien, a la luz y a ayudar a los demás.

Cuando cumplí trece años, me dijo que ya estaba listo, que tenía que pasar una prueba. Yo estaba contento y la acepté con gusto, no sabía realmente de qué se trataba hasta que llegó el momento.

Una noche cerrada de tormenta fuerte, nos adentramos en el bosque y fuimos hasta una montaña en la que había una cueva. Debajo de la montaña, me contó de qué se trataba, era muy simple. Tenía que subir hasta la cueva y pasar ahí la noche, solo tenía que sobrevivir. No me deseó suerte, él sabía que yo podría hacerlo, igual lo noté un poco preocupado.

Le dije que estaba todo bien, que no se preocupara. Mi voluntad era fuerte, mi mente, mi cuerpo y mi espíritu estaban preparados para lo que fuera a pasar. Mi maestro me dijo que volvería a buscarme al amanecer y se fue.

Subí hasta la cueva y entré. En el acto lo noté, estaba lleno de presencias de oscuridad, lo primero que hice fue protegerme con una burbuja de energía. No se veía absolutamente nada. Encendí una antorcha que llevaba encima.

Donde se acababa la luz de la antorcha, se veían sombras que pasaban, y empecé a escuchar ruidos. Hasta que algo más consistente se hizo visible, justo al borde de la luz. Era más grande que las otras sombras, era una silueta gigantesca. Vi unos ojos rojos, noté maldad pura, pero además mucha inteligencia, no era como los demás que había allí, que estaban perdidos y revoloteando, este ser era un demonio y era poderoso.

Yo, por mi parte, estaba tranquilo, me había preparado para estas situaciones la mayor parte de mi vida. Simplemente, me senté en el medio de la cueva, dejé la antorcha al lado mío y me puse a meditar y me concentré en mi protección.

El demonio no pudo hacerme ningún daño durante toda la noche, sin embargo, no sabría decirte si me lo comunicó o si solo lo presentí, pero entendí que lo tomó completamente como algo personal y como un desafío. Me perseguiría y, cuando no pudiera defenderme, me haría daño.

Al amanecer, mi maestro regresó por mí y no me había ocurrido absolutamente nada, me encontraba en perfectas condiciones. Él se puso contento y yo también, había superado la prueba.

Pasaron los años, mi maestro falleció, y me quedé solo. Fue una vida de plenitud e iluminación, fui feliz y viví en paz.

Entonces, la profesora, que ya había tomado el mando de la regresión, me dirigió a la siguiente experiencia que era relevante por este síntoma. Avancé directamente a mi vida actual. Yo ya lo había olvidado, pero lo que te voy a contar ocurrió en mi adolescencia.

Estaba por dormirme, estaba en mi cama, en mi casa, en Córdoba. Pero intentaba realizar un viaje astral. Y funcionó, salí de mi cuerpo y me fui flotando hacia la cocina, luego me dirigí a la sala de estar. Desde el extremo, salía una escalera hacia la parte de arriba de la casa que estaba en construcción. Al mirar hacia allí, no se veía la escalera, era oscuridad pura.

Fui y la atravesé, subí las escaleras y no veía absolutamente nada. Cuando llegué al segundo piso, sentí que había alguien cerca de mí. Pregunté quién era. Me respondió que era «mi maestro de magia» (el conocido que nos había indicado meditar a mi amigo y a mí), pero algo no encajaba, su energía era parecida, aunque había algo raro. Le dije que me estaba mintiendo, que no era él. Entonces, se descubrió, y vi sus ojos rojos, era un demonio.

Hasta ahí era lo que yo recordaba, conscientemente, que había ocurrido en ese viaje astral, y me había levantado en mi cama, sin embargo, la regresión siguió.

Ese demonio era el mismo que había visto en la cueva tantas vidas atrás. Desde el segundo piso de mi casa, me trasladaron hacia algún lugar del mundo astral y me atacaron entre múltiples demonios. Era una trampa, y estaban todos preparados esperándome, sentí cómo me ponían una especie de «bolsa» alrededor mío.

La profesora me indicó que llamara a toda la legión de ángeles y arcángeles. Cuando llegaron, se transformó todo en luz, fue una sensación de alegría, paz y amor imposible de explicar, me largué a llorar, no hay palabras que la describan.

Corrieron a los demonios y me ayudaron a sacarme la bolsa que tenía a mi alrededor, me ayudaron a purificarme y a llenarme de luz.

Estas regresiones que te cuento solo son algunas de las más relevantes, imagínate que el curso duró un año.

Hacer terapia de regresión una vez está muy bueno, pero utilizarlo como terapia regular para sanación es bastante costoso. Si te es posible pagarlo, bienvenido sea, si no, te recomiendo hacer una o dos para ver si te agrada, y después realizar el curso para ser terapeuta.

El curso es realmente económico, se realizan muchas prácticas en las que vas sanando y resolviendo muchos problemas. Además de quedarte con la experiencia, por fuera del curso, puedes seguir haciendo sesiones con compañeros que hayas conocido.

INICIACIÓN EN REGISTROS AKÁSHICOS

Ya cerca de finalizar el curso de terapia de regresiones, me empezó a interesar un poco más el tema de los registros akáshicos.

Le comenté a mi profesora de regresiones, y ella me recomendó a quien sería mi siguiente profesora de Registros. Titi Petersen es una mujer increíblemente amable y comprensiva. Genera mucha confianza y te acompaña en el proceso de aprendizaje.

Esta iniciación fue un paso muy importante. El poder canalizar y escuchar a los guías y maestros espirituales es una sensación única y no se compara con nada.

Cuando escuchas hablar del tema, suena supermístico y extraño. Es muy difícil de creer y piensas «si realmente es cierto y no un verso, ¡esta persona tiene un don!». Yo siempre fui bastante receloso, les doy el beneficio de la duda a los demás, pero siempre desconfío.

Me sorprendí y me entusiasmé mucho al saber esto: todos somos capaces de iniciarnos en los registros akáshicos, de recibir mensajes y comunicarnos con los guías y maestros espirituales. Es más, no se siente nada del otro mundo, sino que se siente natural, es sencillo. Es como si simplemente supieras qué escribir o decir, o como si alguien más te dictara.

En mayo de 2023, como ya había realizado un par de sesiones antes, directamente decidí iniciarme. Fueron los niveles uno y dos, y me encantó tanto que apenas la profesora dio el siguiente curso, el del nivel tres, me anoté. Este era específicamente sobre cómo utilizar los registros para la sanación.

Es muy estimulante poder abrir los registros akáshicos de uno mismo para buscar respuestas que necesitamos y para utilizarlo como sanación. En mi caso, combiné el nivel tres con el conocimiento que tenía de las regresiones y, en conjunto, los utilicé para sanar todo lo que le quedaba pendiente a mi alma.

También es muy satisfactorio abrirle a los demás, siempre con su consentimiento, y ayudarlos desde el amor y la comprensión a encontrar las respuestas y la sanación que necesitan. Yo, definitivamente, no trabajo de esto y no es mi intención hacerlo, pero constantemente me llegan personas que necesitan ayuda y les ofrezco realizarles lecturas.

Te cuento algunas aperturas, tener en cuenta que voy a proteger nombres y datos personales:

Vino a mí una mujer que se enojaba muy fácilmente y le costaba tomar decisiones. Tenía momentos en los que estaba muy perdida y, además, le daban golpes de calor de la nada, sentía que se sofocaba.

Al abrirle registros, vi una sombra en su campo energético y, cuando le presté más atención, sobresalió la silueta de una mujer. Estaba enojada. Entonces, le hablé, y la conversación fue más o menos la siguiente:

Yo: ¿Cómo te llamas?

Al principio no me quería responder; después de insistir, me dijo su nombre.

Vanesa: Vanesa.

Yo: Vanesa, ¿sabías que tu cuerpo ya falleció y que estás en el de alguien más?

Vanesa: Sí.

Yo: ¿Y a qué se debe que estés ahí?

Vanesa: Porque quiero.

Yo: ¿Y te acuerdas cómo moriste?

Vanesa: En un accidente de auto.

Yo: ¿Y a qué se debe que te quedaste acá y no fuiste a la luz?

Vanesa: Quería volver a ver a mis hijos y cuidarlos.

Yo: ¿Cuántos hijos tenías?

Vanesa: Tenía dos hijos varones, morí y ni me pude despedir.

Yo: ¿Y por qué elegiste el cuerpo de «X»?

Vanesa: Porque ella estaba débil y pude entrar, ella era madre y me sentí identificada.

Yo: ¿Hace mucho que estás con ella?

Vanesa: Sí, desde que ella vivía en «X lugar».

Yo: ¿Y qué le causas a «X» con tu presencia»?

Vanesa: No la dejo tomar decisiones; cuando me enojo, le da calor; le susurro para que haga las cosas que yo quiero.

Ella se empieza a ir sola a la luz.

Yo: Antes de que te vayas, hay algo más, ¿existe algún otro ser en el campo energético de «X»?

Vanesa: No.

Es muy lindo tratar las almas perdidas desde el lado de los registros akáshicos, porque como estamos en consciencia y los registros son consciencia pura, las almas perdidas van elevando su energía solas; entonces, al principio puede que ni respondan, y al final se van solas. Literalmente, solo conversé con ella y ascendió.

En cambio, en las regresiones, hay que esforzarse más y buscar la forma de convencer al alma para que salga del campo energético del consultante.

Un amigo me contó que estaba mal del hombro, así que le comenté que hacía lectura de registros akáshicos y me ofrecí a ayudarlo. Lo aceptó.

Sin embargo, al comentarle esto, me dijo que hacía un tiempo le venían pasando cosas malas a él y a su familia. Eran demasiadas cosas juntas, muy extraño, entonces le consultó a una conocida, y ella le dijo que les habían hecho un trabajo de magia negra, que se lo habían dejado en la casa. La cuestión es que se lo retiró y los limpió energéticamente. Así que también me pidió que preguntara por este tema.

Entonces, le abrí los registros y consulté a sus guías. Primero si les habían realizado un trabajo de magia negra y se había solucionado, me respondieron a ambas que sí. Sin embargo, me dijeron que la familia entera aún tenía un mal de ojo realizado por otra persona.

Así que procedí a retirarles el mal a todos juntos; una vez realizado, le entregué esa energía oscura al Arcángel Miguel para que hiciera con ella lo que considerara necesario. Y ayudé a llenarlos de luz.

Luego, consulté por el dolor en el hombro que no se le iba, y la respuesta fue: «Estás perdido, no sabes para dónde vas ni si estás haciendo lo que quieres de tu vida, y eso genera una carga que se expresa a través de tu hombro izquierdo; tienes que replantearte tu vida y la dirección que estás tomando, si es lo que realmente deseas».

Pasada la lectura, ya retirado el mal de ojo y con el mensaje entregado, a mi amigo dejó de dolerle el hombro, y a él y a su familia dejaron de sucederles esos eventos que les complicaban la vida.

REFLEXIÓN

Las herramientas, de las que te estoy contando, es muy importante utilizarlas en uno mismo, y fue por eso que me interioricé, aprendí, me inicié y practiqué, según fuera el caso, en cada una de ellas.

Asimismo, es muy importante ayudar a los demás con ellas. Eso también hace a nuestra evolución y sanación. Todos en la vida, en algún momento, necesitamos que nos den una mano y, si uno puede echarle una mano a alguien, no solo ayuda al otro con su sanación y su camino, sino que además sirve para potenciar el camino y la sanación propios.

«A medida que crezcas, descubrirás que tienes dos manos; una para ayudarte a ti mismo y otra para ayudar a los demás».
Audrey Hepburn

REGISTROS AKÁSHICOS ANGÉLICOS

Tiempo atrás, había llegado a mí un libro sobre ángeles que tiene guía para la apertura de registros angélicos. Dado que ya tenía la canalización de los registros akáshicos, lo intenté y también funcionó. Sin embargo, he usado muy poco esta clase de registros porque los guías me explicaron que tienen un fin más elevado que los akáshicos que son más mundanos.

Hoy, con los registros akáshicos, es con lo que me siento más identificado y a lo que siento que le estoy sacando un mayor provecho para mi crecimiento y sanación o la de los demás.

<hr>

CONCLUSIÓN

<hr>

Acá ya llegamos a la actualidad, espero que te haya agradado e inspirado mi historia. En ella se puede apreciar como pasé de estar perdido en la vida, de no saber qué hacer y sentir un vacío sin fondo, con emociones y sentimientos nocivos, a hoy haber encontrado mi camino, haber formado una familia, estar por casarme y saber en qué dirección encauzar mi vida.

¿Cuál de todos mis procesos o de las herramientas que te conté fue lo más importante? Ninguno en especial, cada uno tuvo su momento en mi vida y todavía lo tienen. Todos contribuyeron a lo que soy hoy, lo importante es ir probando y quedándonos con lo que más nos sirva. Tal vez para mí haya sido importante el reiki y a ti realmente no te ayude mucho.

Tienes que encontrar tu forma y tu camino. Todas las herramientas van a contribuir a tu crecimiento, desarrollo y evolución, algunas más que otras, lo importante es tomar y seguir utilizando aquello que más te sirva y poder así seguir adelante de la mejor forma posible.

¿Tengo todas las respuestas?

NO, nadie las tiene, y todos nuestros procesos son diferentes. Sin embargo, muchas fuentes iluminadas van a coincidir conmigo en que la felicidad viene de tu interior, tienes que buscar la plenitud y la abundancia internas.

Desde allí podrás encontrar tu camino y vivir con pasión. Desde construir una relación de pareja sana hasta vivir alejado solo en un bosque o ser millonario.

El ser humano vive pensando que va a ser feliz en el futuro:

Cuando sea millonario.

Cuando tenga pareja o me case o forme una familia.

Cuando viaje por el mundo.

Cuando encuentre una carrera o un trabajo que me guste.

Cuando consiga a tal mujer o a tal hombre.

Todo esto es erróneo. ¿Puede contribuir? ¡Claro! ¿A quién no le gustaría ser millonario? Sin embargo, la felicidad está en la plenitud y la abundancia HOY. Siempre en el presente.

SEGUNDA PARTE

GUÍA

¿Por dónde empezar?

Si estás leyendo esto es porque posiblemente no estés contento con tu vida o con algún aspecto de ella, por ejemplo, con el trabajo, con el estudio, una mala relación, no encontrar una pareja, el lugar en donde vives, alguna adicción de la que no puedes escapar.

O, si lo estás, tal vez tu intención no es solo estar contento, sino que se vuelva extraordinaria, poder vivir con pasión, en plenitud y abundancia.

¿Cómo lograr pasar de vivir una vida ordinaria o incluso mediocre a vivir una extraordinaria, de pasión y de cumplir tus sueños? Estate atento que es lo que vamos a responder a continuación.

«No pretendamos que las cosas cambien si siempre hacemos lo mismo».
Albert Einstein

Lo más importante es que tengas la mente abierta y la voluntad de intentar cosas nuevas, que no has hecho antes.

No importa que no creas en las herramientas que utilicé y que te voy a mencionar más adelante, te reto a que las utilices y lo intentes.

Si realmente no sirven, como muchos creen, ¿qué mal hace intentarlo? Podrías sorprenderte. Si a ti no te funcionan, has de buscar otras, el proceso general es parecido para todos, pero tú tienes que descubrir cuales son las herramientas que más te convienen.

Vives creyendo que mañana va a ser un día mejor, que cuando te puedas comprar, conseguir hacer algo, acostarte con tal, tener una novia o un novio, cuando obtengas cierto empleo, etcétera, vas a ser feliz. Sin embargo, cuando consigues lo que sea que estás «esperando o buscando», no te llena ni te hace feliz, o lo hace un simple momento y nada más.

Yo, por ejemplo, cuando me mudé a tres mil kilómetros de distancia de mis amigos, añoraba volver a estar con ellos y pensaba que cuando volviera todo iba a estar bien, sería feliz. No fue así, en las vacaciones que iba a verlos, sí me ponía contento, no me malinterpreten, sin embargo, seguía siendo tan miserable como siempre, solo que bien acompañado.

Supongamos que consigues lo que estás añorando o buscando con tanta intensidad. Al final del día o de la vida...

¿Qué sentido tiene haberse hecho millonario y haber pagado todos los lujos que el dinero puede comprar en este mundo si solo se sintió vacío, si todo lo que pudiste pagar no se llevó el vacío que sentías?

¿Qué sentido tiene haberse casado y tener uno o más hijos si no lo disfrutas y no vives en amor y plenitud, si estás en tu casa y solo quieres escapar de ahí, que los niños no hagan..., etcétera?

No te estoy diciendo que no tienes que luchar por tus sueños; si tienes sueños, deberías ir tras ellos con todas tus ganas. De todos modos, deberías preguntarte: ¿Mis sueños surgen de una necesidad y desde el sentimiento de vacío? ¿O surgen desde la abundancia, de compartir y ayudar a los demás, desde la felicidad que ya sientes?

Así mismo, debes ser consciente y no esperar a conseguirlos para ser feliz, lo lindo es que estés en plenitud y abundancia para que disfrutes el proceso y los logros que vas obteniendo. Hay que ser feliz y vivir en plenitud hoy. Partiendo de esta premisa, consigues todos los sueños que te puedas imaginar, por más extraordinarios que sean; el límite es lo que puedas imaginar y desear.

TU VIDA NO SE TRATA DEL PRINCIPIO O FINAL

SE TRATA DE TODO LO DEMÁS

La vida no tiene sentido sin amor, y no me refiero al amor romántico de una pareja o al amor de un padre o de un hijo, sino al amor o pasión por la vida, el amor por sí mismo.

Hay quienes vienen y en su vida van a ser pobres o ricos, van a vivir trabajando o viajando, o en un pueblito alejado de todo del que jamás van a salir. Cualquier cosa que deseemos está bien. Todos venimos a hacer cosas diferentes, a vivir diferente; y es lo maravilloso del libre albedrío, podemos elegir lo que queramos. No todos queremos o necesitamos el amor de una familia o la riqueza.

Necesitas vivir en amor por ti mismo, por el resto del planeta, y por lo que sea que hagas en el momento en el que te encuentres, o por lo que hayas venido a experimentar.

Vienes a este mundo para aprender a disfrutar cada momento, debes aceptar las circunstancias que te tocaron. Si hay algo que no te agrada, responsabilízate de ello y haz lo que esté a tu alcance para cambiarlo, si tú no lo haces, nadie lo hará por ti. Estás aquí para crecer como persona, vivir en plenitud y abundancia, y cumplir todos tus deseos.

El mejor momento para ser feliz es el presente, y es lo único que existe. El pasado puede haber sido muy lindo, pero no se puede vivir pensando en él y añorándolo, ya concluyó, hasta parece un sueño que solo tienes en tu mente, ¿pasó realmente lo que está en ese sueño en tu mente? Tal vez no, pero ahora no lo estás experimentando, entonces pensar en él, solo te evade de la realidad, como si estuvieras durmiendo.

El futuro es incierto, y no puedes vivir esperando, con ansiedad, haciendo lo posible por escapar de lo que estás viviendo en este momento. Esperas el fin de semana, el feriado, las vacaciones de fin de año, vives poniendo tu mente en aquello que no tienes aún, esperando. Y, cuando llegue, va a ser tu presente, nunca se te presenta como futuro, entonces la realidad es que el futuro nunca llega. Si siempre estás pensando en el futuro, cuando este llegue, no te vas a dar cuenta, porque va a ser tu presente y seguirás pensando en el futuro.

Por ejemplo, cuando estás en las vacaciones tan esperadas, estás pensando que la siguiente semana ya tendrás que trabajar y que tienes todo el año por delante y en cuándo serán las siguientes. Todo esto evita que disfrutes las vacaciones en las que te encuentras.

Por lo tanto, solo está el presente, el aquí y ahora, y es hoy cuando tienes que actuar para ser feliz. Tu vida, tu trabajo, tu familia, los primeros pasos o conversaciones de tus hijos, tu primer beso, tu relación de pareja, el rico café que estás tomando al leer este libro... está ocurriendo hoy, en este momento, en el presente.

«Para poner fin a la miseria que ha afligido a la condición humana durante miles de años, tienes que comenzar por ti mismo y tomar responsabilidad de tu estado interno en un momento dado. Eso significa ahora».
Eckhart Tolle

TIPOS DE CAMINOS

La adolescencia es la primera etapa y probablemente en la cual más comúnmente te hayan empezado a surgir cuestionamientos y dudas, sin embargo, también pueden surgir más adelante, quién sabe, tal vez, te surgieron a tus sesenta años. No importa cuándo surjan, siempre puedes poner tu voluntad en buscar las respuestas que necesitas.

¿Para qué nací?

¿Qué quiero ser?

¿Qué quiero hacer?

¿A dónde quiero vivir?

¿Con quién quiero pasar el resto de mi vida?

Debido a que todas las personas son diferentes, nos podemos encontrar con distintos casos:

Saben de pequeños a qué van a dedicar sus vidas.

Lo descubren en los primeros años de la adolescencia.

No les prestan atención a estos cuestionamientos o no se los plantean hasta que llegan a la mayoría de edad.

Descubren en la mayoría de edad lo que les apasiona.

Jamás encuentran nada que les apasione.

Todos tenemos tiempos y procesos distintos, pero en cualquiera de los casos antes mencionados solo hay tres caminos posibles:

Vivir una vida apasionante, llena de abundancia y plenitud: Lograr esto no es fácil y muchas veces tampoco agradable en un principio, requiere voluntad, esfuerzo y sacrificio.

Haber intentado y haberse rendido: Instintivamente, muchas personas saben hacia dónde ir o descubren lo que quieren en la vida, sin embargo, sufren contratiempos grandes o pequeños y deciden desistir.

No saber cómo intentarlo o no haberlo hecho por miedo: Este es el más común de los caminos, muchos estamos tan perdidos que no sabemos qué hacer de nuestras vidas, no encontramos algo que nos apasione o, peor, nos rendimos sin siquiera intentarlo.

El impacto de cada camino en tu vida es el siguiente.

CAMINO 1:

Es el estás destinado a seguir por naturaleza, es la razón por la cual estás en este mundo y en esta vida como «yo», es aquello a lo que te impulsan tus sueños, en donde se encuentra tu mayor recompensa.

La cual no solo es la meta alcanzada, sino el camino recorrido, todo el proceso de esfuerzo y aprendizaje sumado a los resultados.

Esto te llena, te da satisfacción y plenitud, hace rebosar de gozo a tu corazón al estar finalizando tu vida, mirar atrás y estar orgulloso de lo que recorriste: sin arrepentimientos, sin remordimientos, sabiendo que al final «lo lograste» o que pudiste transcurrir tu vida aprovechando al máximo tu potencial.

No necesariamente cumples tu sueño inicial, tal vez arrancas con un sueño y en el camino te vas dando cuenta de que no era eso lo que realmente querías y necesitabas, y vas encontrando otros sueños y otros objetivos, los cuales sí te llenan. Es más, es muy posible que no logres cumplir el sueño que creías que era tu destino o deseabas con tanto fervor, pero en el camino recorrido hayas encontrado algo más importante; y lo logrado y aprendido te hace sentir orgulloso de haber recorrido ese camino y encontrado cuál era realmente tu destino.

¡Incluso vas sintiendo todo esto a medida que nos damos cuenta de que estamos en el camino correcto!

CAMINO 2:

Es posible que hayas tenido muchos sueños a lo largo del tiempo, que hayas intentado algunas veces dirigirte hacia ellos, y fallaste en conseguirlos; entonces te rendiste y renunciaste a ellos, no lo volviste a intentar. Solo tuviste una pequeña probada del camino de la plenitud, te sentiste increíblemente bien cuando te imaginaste que podías llegar a lograrlo y te aventuraste por tus sueños, te esforzaste un tiempo. Sin embargo, las cosas salieron mal y por miedo a fracasar otra vez te frenaste ahí.

Tal vez solo hacía falta que lo intentaras una vez más, o tal vez ese sueño era erróneo para ti, y los errores y los fracasos eran necesarios para que te dieras cuenta y pudieras encontrar el camino que realmente era para ti. Pero lo dejaste de intentar y hoy vives tu vida amargado y frustrado, solo sobreviviendo, sin pasión. Cargas en tu interior el vacío y el fracaso a donde sea que vayas, sin importar lo que hagas, como una espina en tu corazón.

Lo que te lleva a la mediocridad no es el fracaso. Tienes que entender que el fracaso sirve y muchas veces es necesario, tienes que usarlo como impulso para seguir adelante. Sin el fracaso, el éxito no existe. Sin caernos, no sabríamos lo que significa levantarnos.

El problema no es el fracaso, es que cuando miras atrás solo ves eso. Quedaste herido por eso, y no volviste por más, no intentaste nuevamente salir de tu zona de confort e ir más allá; y te carcome por dentro, te haces muchos cuestionamientos.

«Tal vez podría haber hecho algo diferente».

«Si hubiera tenido un poco más de suerte...».

«No tendría que haberlo intentado».

«No pude hacerlo, no soy lo suficiente, no sirvo».

Para estar en el camino de la plenitud, lo importante es que te levantes y lo intentes otra vez y otra vez y otra vez... Las veces que haga falta.

«El modo de dar una vez en el clavo es dar cien
veces en la herradura».
Miguel de Unamuno

CAMINO 3:

Este es tal vez el camino más cruel de todos. En él, te encuentras perdido, vacío y no sabes hacia dónde ir. No tienes sueños o tienes tanto miedo de intentar algo que no te es posible hacer ni el más mínimo esfuerzo para encaminarte hacia ellos. Te paraliza si quiera imaginar salir de tu zona de confort, tienes demasiado miedo al fracaso, al qué dirán los demás, o a no ser suficiente para lograrlo.

Si no has probado ni un ápice de plenitud por intentar seguir tus sueños, no tienes idea de lo estimulante y motivador que se siente. No puedes imaginar la luz que hay más allá de la oscuridad porque no has hecho el mínimo esfuerzo por vislumbrarla.

No tienes la voluntad de salir del fondo porque no te imaginas lo plena que puede llegar a ser la vida.

No estás viviendo, solo sobreviviendo. Estás triste y amargado añorando algo que no sabes qué es y que jamás conociste, sin la suficiente voluntad para intentar hacer algo al respecto.

«El fracaso tras una larga perseverancia es mucho
más grande que nunca haber luchado lo suficiente
como para llamarlo fracaso».
George Eliot

CONCLUSIÓN:

En los caminos 2 y 3, el remordimiento, el vacío y el dolor te están destruyendo la vida de a poco: todos los días te carcome desde adentro. Te lleva cada vez más abajo, en una espiral descendente.

¿Puedes negarlo? ¿Cómo te sientes en este momento? No se siente nada bien, y lo sé por experiencia propia.

Debido a ello, muchas veces puedes caer en hábitos y/o excesos que son perjudiciales para tu salud y que se agravan con el tiempo. Algunos ejemplos son: comer excesivamente, fumar, alcoholizarse, adicciones sexuales, drogas, incurrir en actos de riesgo excesivo sin necesidad. Todos estos sentimientos y hábitos te llevan a contraer diversas enfermedades mentales y físicas.

Cuando estás lejos de tu camino de plenitud y tienes cargas internas por sanar, no solo te sientes mal, sino que tu cuerpo es un reflejo de tu espíritu, por lo tanto, esa carga que existe en tu espíritu y tu alma te va pasando factura, afecta tu forma de actuar y de tomar decisiones, tus relaciones de amistad, de pareja y familiares. Luego empiezas a sentir síntomas físicos y lo atribuyen a estrés, te da gastritis, se te cae el pelo, no puedes dormir bien. Después, si no haces nada al respecto, vienen los paros cardiacos, los ACV, cáncer, y otras enfermedades crónicas o que pueden culminar con tu vida.

¡Afortunadamente, NUNCA ES TARDE!

No importa la edad, la clase social, o tu situación, gracias al libre albedrío y a la capacidad que tenemos los seres humanos de adaptarnos y reinventarnos, siempre puedes redirigirte al primer camino, a la plenitud.

«El futuro dejado a sí mismo solo repite el pasado. El cambio solo puede ocurrir ahora —en el presente—».
Nisargadatta Maharaj

¿Cuál es el secreto? El trabajo interno.

EL TRABAJO INTERNO

El trabajo interno es imperativo si realmente deseas alcanzar tus sueños y tu máximo potencial. Es lo mejor que puedes hacer con tu tiempo en vez de desperdiciarlo, por ejemplo, en redes sociales. No es que debas estar las veinticuatro horas del día dedicado a ello, pero deberías darle importancia todos los días, aunque sea un ratito.

El trabajo interno es amor propio y respeto por uno mismo. Si no tienes amor y respeto por ti, cómo vas a amar y respetar a otras personas y a los seres de la creación.

Probablemente, hayas escuchado cientos de veces «escúchate a ti mismo», «escucha a tu corazón», «está en tu interior», «conócete»... Son frases tan válidas como cualquier otra. Te suena repetido y piensas: «¿Y cómo hago esto?» o «como si fuera tan fácil».

La realidad es que por más que se repitan tanto, que no las hayas creído o que te parezca que son solo frases armadas que carecen de sentido, que no solucionan nada, estas frases son correctas.

El problema es que no te han enseñado cómo implementarlas y es difícil que te escuches a ti mismo, más si estás perdido y sumido en la inconsciencia. Aunque ni siquiera te des cuenta, estás constantemente mirando hacia afuera, hacia los demás y, por lo general, no de una forma positiva. Ves qué hacen y qué no hacen, juzgas qué está bien o mal, envidias a los que tienen más y sientes lástima por los que tienen menos. Nada de esto te beneficia a ti ni a los demás.

Lamentablemente, cuando eras pequeño o entraste en la adolescencia o, en definitiva, a lo largo de tu vida hasta este momento, no te han instruido en el trabajo en tu interior. Ya sea por la ignorancia de tus padres o quien te haya criado, quienes tampoco tuvieron tal crianza o enseñanza o por la sociedad que existe en la actualidad.

Luego, todos pretenden que sepas lo que quieres hacer de tu vida y cómo vivirla. Si no logras hacer nada productivo con ella, te critican; si llegas a lograr un poco más que los demás, también te critican; y vives añorando algo que no sabes qué es ni cómo conseguirlo. Entonces, persigues logros vacíos si es que lo haces y, cuando llegan, te das cuenta de que no llenan.

No fuiste instruido ni te aportaron las herramientas adecuadas para aprovechar el máximo potencial que tienes.

Es necesario que dejes de echar culpas afuera y a los demás, y empieces a responsabilizarte de la vida que tienes para poder cambiarla. Es tu decisión hacerlo o no, sin embargo, si estás leyendo estas palabras, espero que sea porque hayas decidido «IR POR TODO», y espero que te hayan llenado de esa sensación interna de esperanza, fuerza y entusiasmo que te genera el pensar que hay más, que puedes vivir una vida extraordinaria, llena de pasión y de abundancia, de poder cumplir tus sueños. No importa lo difícil que sea.

Los sueños se cumplen un paso a la vez. Lo importante es no dejar de avanzar.

Eso tal vez ya lo habías escuchado, así que acá va otro secreto para los que están más perdidos aún.

Si estás tan perdido que ni siquiera tienes un sueño y no sabes qué quieres en tu vida (esto me paso a mí), también es un paso a la vez.

Si lo miras desde el lugar en el que te encuentras hoy, tal vez te parezca demasiado difícil o imposible y sientas que no hay salida, a mí me pasaba lo mismo. ¿Sabes cómo lo solucioné? No mirando tan adelante, no pensando ni planeando a muy largo plazo, me concentré solo en el paso a paso, haciendo un poquito cada día en pos de encontrar mi camino.

«Un camino de mil millas comienza con un paso».
Benjamin Franklin

APERTURA AL CAMBIO

¿Estás abierto al cambio? Si tu respuesta es sí, la siguiente pregunta es: ¿Estás seguro?

Tu mente juega mucho contigo, eso ya deberías saberlo, pero uno de sus juegos es hacerte creer que eres de mente abierta. En cambio, deberías plantearte qué tan cierto es esto. Ponte a pensar cuántas veces te han dicho algo, sobre cualquier tema, en lo que no estás de acuerdo o va contra tus creencias o «de la verdad».

La realidad es que siempre somos como niños; a ellos, cuando les enseñamos, muchas veces se niegan a aprender o intentar reconocer y considerar lo que les explicamos, por lo tanto, discuten sin fundamentos porque se ciegan y se encierran en el poco conocimiento y conciencia que poseen a su corta edad. Cuando eso pasa, nos da ternura y lo aceptamos porque son niños, sin embargo, de grandes seguimos actuando de la misma forma.

Lo más probable es que esas verdades ya las tengas asumidas y las consideres como la única verdad. Y depende qué tan arraigadas estén en ti esas creencias son los tonos de tus respuestas. A veces, incluso, te enojas porque el otro piensa distinto y quieres convencerlo de «cómo son realmente las cosas» y de «qué es lo correcto». ¿O estoy equivocado?

Todo el tiempo caes en este jueguito de la mente y ni siquiera te das cuenta. Vives en la inconsciencia sin siquiera plantearte si estás en lo correcto y defiendes tus verdades como si fueran las únicas que existieran. Esto muy acentuado se considera fanatismo.

> *«Un fanático es un individuo que tiene razón*
> *aunque no tenga razón».*
> **Jaume Perich**

Caer en el fanatismo es de las peores cosas que te pueden pasar o, en realidad, que te puedes hacer a ti mismo, porque, en definitiva, el único responsable de ello eres tú. Así sea que tienes muchas influencias externas, en tu vida mandas tú, y caer o escaparte de ello es tu responsabilidad. El fanatismo no te deja pensar correctamente, convierte amigos en enemigos, lleva, en muchos casos, a la violencia, a la falta de tolerancia por el otro y su forma de pensar; en definitiva, te ciega completamente.

Lo peor de esto es que muchas veces no te das cuenta cuán fanatizado estás por algún tema específico y, según tú, los que están equivocados siempre son los demás.

Las peores atrocidades en la historia se han cometido con la firme creencia de que se estaba haciendo lo correcto.

Un ejemplo es el genocidio causado por Hitler, y no fue él solo, sino con el apoyo de sus fanáticos seguidores. Esto es un ejemplo extremo, sin embargo, ¿cuántas veces has discutido de política, deporte o cualquier otra cosa y no has estado abierto a considerar la opinión de la otra persona? Solo la querías convencer de que tu punto de vista es el correcto.

«El fanático es quien considera que su creencia no es simplemente un derecho suyo, sino una obligación para él y para todos los demás».
Fernando Savater

¿Por qué estás negado al cambio?

Tanto tú, como gran parte de los seres humanos, se cierran al cambio y a tener la mente abierta porque es fácil. Es mucho más sencillo para ti y tu mente permanecer en la zona de confort, en lo conocido. Porque, según tu mente, así deben ser las cosas, así están funcionando bien.

La mente del ser humano, desde el principio de los tiempos, está seteada para quedarse en lo conocido para sobrevivir. Lo que se conoce es seguro y además implica conservación de energía.

Salir de tu zona de confort implica incertidumbre, miedo de no saber lo que va a ocurrir, de tener que enfrentarse a situaciones que no puedas resolver, cuando en este momento estás sobreviviendo. Así es cómo funciona la mente. Estar en la zona de confort implica poder permanecer en automático, crea rutinas cómodas, fáciles y sin gasto energético, ya sea físico o mental.

Ahora, deberías preguntarte: ¿Solo quieres sobrevivir o estás dispuesto a salir de tu zona de confort para tener una vida extraordinaria?

> *«Al otro lado del miedo están las mejores cosas de la vida».*
> **Will Smith**

Por lo tanto, es imperativo que identifiques el fanatismo cuando se encuentre en ti y que hagas lo posible para liberarte de él. Es necesario que actúes a pesar del miedo y la incertidumbre, que puedas salir de tu zona de confort para que estés abierto al cambio. Si haces esto es posible que evoluciones, crezcas como persona y logres tus sueños, al mismo tiempo que generes una huella o impacto positivo en la vida de los demás.

Debes apreciar e incluso amar las posibilidades. Tú, como todos, tienes libre albedrío y siempre puedes aprender y cambiar, las posibilidades son infinitas si estás abierto a ellas. Son lo mejor de la existencia, nada está definido realmente, puedes reinventarte y aprovecharlas para tu beneficio y el de los demás.

La inmensidad de la creación da lugar al crecimiento infinito, es tu deber aprovecharlo.

VOLUNTAD

*«El germen del éxito en lo que quieras lograr está en
tu fuerza de voluntad».*
Paramahansa Yogananda

La voluntad es tan importante como estar abierto al cambio, sin ella no puedes ni siquiera levantarte de la cama, ni hablar de trabajar en ti y conseguir tus sueños. Es el primer paso para el cambio, es lo que hace la diferencia entre quedarte en donde estás o encontrar lo que estás buscando.

Es el impulso que necesitas para poder encontrar tus sueños, para transitar cada paso, sea este agradable o todavía mucho más necesario cuando sea desagradable.

Hasta que no decidas que realmente quieres estar bien, que se vaya el vacío que estás sintiendo, que quieres cumplir tus sueños, todo seguirá tal cual está.

No sé si es tu caso, pero es lo más normal dejar la voluntad de lado todos los días, y esto tiene una razón de ser. Cuando empiezas a desviarte de tu camino o, peor, si sientes que nunca lo encontraste, tu ánimo empieza a decaer. Cuando esto pasa, poco a poco, vas perdiendo la motivación y esto lleva a perder la fuerza de voluntad.

La voluntad es como si fuera un músculo, por lo tanto, deberías entrenarla constantemente todos los días porque, ante la falta de motivación, va disminuyendo y desapareciendo poco a poco. ¿Qué pasa con los músculos cuando dejas de entrenarlos y pasa el tiempo?

Es importante entender que la fuerza de voluntad es el motor de toda búsqueda, por lo tanto, si tu intención es encontrar nuevamente tu camino, es muy importante que encuentres la motivación inicial para hacerlo.

Lo más difícil es arrancar, si encuentras esta motivación inicial, podrás reencontrarte poco a poco con tu fuerza de voluntad y romper la inercia de vacío o falta de propósito en que te encuentras.

Luego todo fluye, la voluntad vuelve sola. Cuando ya estás encaminado y empiezas a notar resultados en tu vida, no necesitas esfuerzo para tener voluntad, simplemente está allí todos los días y es cada vez más fácil entrenarla y aprovecharla. Cuando te das cuenta a partir de los resultados que estás en el camino correcto, la motivación existe por sí sola, no tienes que forzarla y, por decantación, la voluntad también.

Todos tenemos la capacidad de fuerza de voluntad ilimitada, solo tienes que encontrar los motivos en tu interior, lo que te haga sentir vivo, entonces te entusiasmarás y querrás más de ellos en tu vida.

PEDIR AYUDA

Pedir ayuda es amarte y respetarte lo suficiente como para superar el orgullo y poder encontrar, mediante la intervención de alguien más, la salida del lugar en el que te encuentras. Significa humildad para aceptar tus limitaciones en pos de tu aprendizaje y crecimiento. Te hace mejor persona y comprenderás la importancia y el impacto de ayudar a los demás cuando lo necesitan, te da fortaleza como ser humano.

Todos, en algún momento de nuestra vida, necesitamos ayuda, pero estás tan acostumbrado a no pedirla que, por más que la situación te supere, no lo haces. Ya sea porque te criaron enseñándote que tienes que ser independiente, o por miedo o vergüenza a no ser capaz de lograr las cosas por tu cuenta o el miedo al qué dirán, no lo haces. Esto pasa con cosas pequeñas de poca importancia o con otras más grandes y complejas.

Si es tu caso, ¿no te das cuenta de que estás limitando tu vida?, ¿de que sufres innecesariamente cuando solo necesitas levantar la mano?

Lo cierto es que frenas tu crecimiento y desarrollo, o se agravan los problemas más de lo necesario solo por no ser capaz de admitir que algo te sobrepasa en ese momento específico de tu vida.

Además, le quitas la posibilidad a alguien de poder ayudar. Solicitar ayuda no solo te beneficia a ti, sino también a quien te ayuda, porque se siente necesario y realizado cuando lo hace. También fortalece las relaciones, ya sean de amistad, de pareja o familiar.

Te aíslas con tu problema sufriendo solo cuando podrían tú y otra persona beneficiarse ambos con el solo hecho de que pidas ayuda.

> *«Pedir ayuda no te hace débil, te hace humano. Y de los fuertes».*
> **Cultura positiva**

Es muy importante para tu evolución que aprendas a pedir ayuda, ya que puedes encontrarte en el mismo lugar por mucho tiempo, incluso años, estancado sin posibilidad de avanzar.

LA IMPORTANCIA DE LA SANACIÓN

Estás más jodido de lo que te imaginas.

En tu alma, en este momento, cargas infinidad de cosas que te hacen daño, aunque no te des cuenta: experiencias, sentimientos, miedos, patrones de pensamientos, energías negativas nuestras o de personas con intención hacernos daño, de esta u otras vidas o que también pueden ser heredados de ancestros.

Si llegaste a este punto de la lectura, por más que te resulte difícil creer en lo mencionado, te pido que recuerdes la importancia de permanecer con la mente abierta, dando paso a las posibilidades, y que tengas la voluntad necesaria para intentar probar cosas nuevas en pos de tu crecimiento y evolución, y para poder cumplir tus sueños.

Si todo esto es falso o no existe, ¿qué mal te puede hacer seguir esta guía? Ya estás perdido, ¿no vale la pena intentar salir del lugar en el que te encuentras? ¡TE RETO A INTENTARLO!

En este punto, vas a tener que confiar en el proceso y dejar de lado el motivo inicial. ¡SOLO DEJARLO DE LADO UN TIEMPO (NO OLVIDARLO)!

¿Por qué debería hacer eso, si es lo que quiero encontrar/solucionar/saber/conseguir?

La respuesta es simple. Tanto si sabes lo que quieres, pero no lo consigues, como si no lo sabes; en ambos casos estás frenado y limitado por tu carga interior.

Te doy un par de ejemplos de lo más comunes.

EJEMPLO 1:

Comienzas una relación de pareja, él/ella es una persona increíble, están muy enamorados, tienen muchísima piel, es todo luz, todo amor, se entienden perfectamente, y todo lo lindo que te imagines. Pero te empieza a dar celos (sin sentido), peleas con tu pareja, discuten y se celan. Después, se reconcilian y siguen así hasta que alguno de los dos no lo tolera más y se separan.

¿Qué pasó?

Lo más probable es que alguna herida o trauma, tal vez de alguna relación pasada, o incluso como conté en mi caso que era heredado de familia, te esté afectando. Está en tu subconsciente, en tu alma o a donde prefieras creer, pero está, y te hace actuar de esta forma y ni siquiera te das cuenta. Y esto te lleva a perder una hermosa relación que podrías haber tenido por el resto de tu vida.

¿Qué pasa luego? Entras en otra relación y ocurre lo mismo.

El ciclo se repite una y otra vez porque tienes esa carga que te limita, afecta tu accionar en el día a día y te lleva a cometer los mismos errores una y otra vez.

También puede pasar que, en vez de separarse, vivan así para toda la vida, siendo ambos miserables, tal vez con discusiones diarias o tal vez lleve a una o varias verdaderas infidelidades.

No importa el resultado, si no eliminas esa carga, siempre habrá una consecuencia, tarde o temprano.

EJEMPLO 2:

Alguien en su adolescencia, al ver que sus padres no pueden proveer lo indispensable para cubrir sus necesidades básicas, o simplemente viendo y envidiando a otros adolescentes que les compran o poseen cosas más lindas, como el último celular de moda, decide que desea ser millonario y que, cuando así sea, va a ser feliz.

Va detrás del dinero desde la carencia y del sentirse menos y piensa que cuando lo obtenga se va a sentir lleno, que va a desaparecer ese vacío y va a ser feliz.

Entonces, se pone a ello, y supongamos que lo consigue, porque ir detrás de algo desde la carencia no siempre es probable que se consiga. ¿Y qué pasa? Consigue un millón de dólares, luego tres millones, luego diez, veinte, cincuenta... mil millones.

¿Y entonces? Se da cuenta de que tiene todos los lujos que el dinero puede comprar en esta vida, sin embargo, está deprimido, ansioso, con miedo de perder lo conseguido. Empieza con el mejor y más costoso tratamiento psicológico que se pueda pagar, y aun así nada cambia.

Puede ser que todo el dinero conseguido lo pierda, o como no lo llena, empiece con los excesos, todo lo que el dinero puede comprar: fiestas, drogas, mujeres. Nada lo llena, todo se siente vacío y no se puede superar.

Eventualmente, estos excesos le causan un daño a la salud que lo matan, o una sobredosis lo hace, o llega a un punto de vacío tal que se suicida, hay muchas posibilidades, pero ninguna buena.

No importa cuál sea el resultado, todo lo que se consigue si uno está vacío por dentro y lo busca desde la carencia interna tarde o temprano causa estragos y hay que pagar las consecuencias.

Por eso, lo más importante es el trabajo interno y la sanación. Es necesario que trabajes en ti mismo para encontrar equilibrio, paz, plenitud y consciencia. Debes sacar de tu sistema todo lo que te afecta, interfiere y limita en tu vida diaria, puede ser que te des cuenta de que está ahí o no, pero hay mucho que limpiar o sanar, y dejar ir.

Es necesario hacerlo, así podrás estar en condiciones de encontrar lo que estás buscando y además poder conservarlo. Si no, tus búsquedas y victorias se vuelven vacías y tristes, como el que llega a ser millonario, pero aun así vive con depresión. Porque el problema no está en tener o no tener dinero, familia, amor de pareja, un Iphone, un coche, o cierto trabajo; sino en ti mismo.

Si no te puedes amar y cuidar, ¿cómo vas a hacerlo con alguien más?

Si no sabes que quieres hacer con tu vida, ¿cómo la vas a compartir con otra persona a tu lado?

Si estás limitado por traumas, ya sea de esta u otras vidas, ¿cómo vas a poder enfrentar y superar los retos que se te crucen en tu camino?

Con lo mencionado hasta acá, llegamos hasta una reflexión muy importante.

Conseguir tus sueños, que encuentres una pareja, tengas hijos, seas millonario, recibirte en la carrera que deseas, que tengas el trabajo que siempre quisiste, que viajes por el mundo, que tengas cualquier clase de poder, absolutamente nada vale la pena, no te hace sentir lleno, no te hace ser feliz. Nada por sí mismo tiene sentido si lo buscas, lo persigues y lo consigues desde la carencia y el vacío que sientes en tu interior.

Todo debes hacerlo desde la plenitud, tienes que sentir abundancia en tu interior, eres abundancia, y debes ser feliz simplemente por serlo, porque sí, porque decides serlo, porque trabajas en ti mismo. Desde esta abundancia y plenitud internas, consigues el resto de las cosas. Lo que te lleva a tener una vida extraordinaria y de pasión es vivir en este estado y poder desde allí conseguir metas, objetivos y sueños en total consciencia.

Si no sanas, es imposible que encuentres tu verdadero camino, porque te encuentras herido y limitado en tu accionar, tu alma se encuentra en inconsciencia, oculta tras el dolor de las heridas y el peso de las cargas que llevas contigo. Si no sanas, tu alma permanece sumida en la oscuridad. Ante todo, esto no hace posible que aproveches tu máximo potencial, y sin él, no puedes encontrar tu camino y cumplir tus sueños.

La sanación es amor, crecimiento, vivir en plenitud, encontrar tu camino y cumplir tus sueños; es consciencia y luz, evolución e inspiración para ti y para todos los que se crucen contigo en la vida. Es el primer paso que debes dar para tu evolución: a partir de sanar, todo se empieza a encauzar en tu vida.

RELACIONES AMOROSAS

Sanar todo lo relacionado a tus relaciones amorosas es tal vez lo más importante que puedas hacer por ti.

A medida que creces, sufres por amor una vez, dos veces, tres... quién sabe cuántas. Y te acostumbras a ello.

Ahora, tienes la carga de los fracasos y emociones reprimidas de relaciones que corresponden a tus ancestros, tienes la carga que arrastras tú mismo de vidas pasadas, las de la vida actual y, además, se suma que te acostumbraste a vivir en desamor desde pequeño.

¿Cómo esperas tener relaciones sanas de esta forma?

Cada vez son más las personas que tienen relaciones sexuales con más y más personas, evitando comprometerse y enamorarse. Porque están acostumbrados y entienden que el amor es sufrimiento, relacionan amor con las experiencias y heridas que han sufrido.

No me malinterpretes, no estoy juzgando a las personas que no quieren una pareja para toda la vida, sin embargo, si eres una de estas personas, deberías preguntarte seriamente:

¿Tu intención es pasar toda tu vida solo/a debido a que es lo que deseas, porque se alinea con tus objetivos y sueños? ¿O es debido a que tienes miedo de sufrir? ¿A que sientes que nadie es suficiente o que tú no lo eres? ¿A que cada relación que has tenido ha resultado mal?

Tienes que analizar muy bien esta cuestión, si no, puede que mucho más adelante te arrepientas y te cuestiones el accionar que tuviste en tu vida, te des cuenta de que en realidad sí querías compartir tu vida con alguien. Que dejaste pasar tus oportunidades, tu vida, y te encuentras solo.

Tanto si deseas contraer pareja estable y construir una relación sana, o no, es recomendable que te liberes de estas cargas y sanes lo antes posible para poder vivir una vida plena.

Si no te encuentras libre del dolor y de las cargas, no puedes estar realmente seguro de si deseas pasar tu vida solo o acompañado.

«Si llevas los ladrillos de tu relación anterior a la
nueva, acabarás construyendo la misma casa».
Anónimo

Como ya he mencionado anteriormente, cada uno tiene su camino y decide cómo transitar su vida. No todos están hechos para la vida en pareja o deciden compartir su vida con alguien, sin embargo, es necesario aclarar que, si es lo que decides transitar o por lo menos durante un periodo de tu vida, es extremadamente beneficioso.

El amor de una pareja bien utilizado sirve en gran medida a tu crecimiento y evolución. Con él puedes aprender mucho, cómo cuidarte a ti mismo y a otra persona, darle relevancia a tu tiempo y a hacer actividades que te beneficien, amor propio y respeto hacia ti y hacia los demás.

Te hace darte cuenta de que, una relación realmente no te da felicidad, tienes que elegir vivir una vida feliz y compartirla con alguien más. Te das cuenta de que la vida para que funcione necesita siempre un equilibrio entre tus necesidades y las del otro, entre el dar y el recibir.

En tu camino de evolución y crecimiento NO es imperativo tener una pareja, sin embargo, si se da este tipo de relación en tu vida, debes usarlo para tu aprendizaje.

Cuando le prestas atención y dedicas tiempo a tu evolución, atraes a personas a tu vida que tengan tu misma vibración o sean funcionales a tu crecimiento. Esto lleva a que puedas formar una relación con alguien que te motive todos los días a ser mejor, que te apoye y celebre tus logros, que te acompañe en lo que necesites y te ayude a levantarte en tus días grises.

Este tipo de relación es realmente beneficioso porque te motiva a crecer y potencia todos tus aprendizajes y procesos.

«Sigue a tu corazón, pero lleva contigo a tu cerebro».
Alfred Adler

RELACIÓN CON EL DINERO

Es importante que sanes tu relación con el dinero. Es muy común que desde pequeño te hayan criado con pensamientos y sentimientos de escasez, más si no vienes de familia de clase alta.

Te pueden haber dicho diversas frases como:

El dinero no crece en los árboles.

No nos alcanza el dinero para esto.

Yo no fabrico dinero.

Siempre vas a ser pobre.

Vas a pasar tu vida trabajando y yendo detrás del dinero.

Es muy complicado hacer dinero.

La gente con mucho dinero es mala.

No necesitas dinero en tu vida.

No creas que vas a tener mucho dinero, no vas a poder.

Tienes que estudiar para conseguir dinero, si no, no tendrás nada.

Estas, como tantas otras, son frases de escasez que se van grabando en tu subconsciente y creces creyendo que todo esto es cierto, te acostumbras a ello. Cuando piensas o hablas de dinero, repites una y otra vez estas frases, en voz alta o en tu mente.

Si tienes creencias negativas con respecto al dinero, se alejará de ti. Esto crea patrones de pensamiento y emociones que te limitan. Si cuando piensas en él sientes miedo, estrés, vergüenza, o cuando lo consigues sientes culpa porque tienes más que el de al lado o crees que eres malo e indigno, todo esto hace que tomes decisiones que te lleven a perderlo o que te cueste más conseguirlo.

Energéticamente, hace que vibres en la escasez y la atraigas hacia ti. Si no sanas esta relación, vas a estar tu vida entera sufriendo por conseguir dinero y se te va a escapar fácilmente de las manos.

Si tienes creencias positivas, ocurrirá lo contrario. Podrás conseguir cosas muy positivas y va a fluir en tu vida en abundancia.

Tienes que entender que el dinero es positivo, sirve para facilitarte la vida, ayudarte a cumplir tus objetivos y tus sueños, te sirve para poder ayudar a los demás, para darle calidad de vida a tu familia, en alimento, educación, salud, seguridad.

Es necesario que identifiques y analices tus creencias con respecto al dinero. Una vez hecho esto, tienes que tomar una decisión, ¿quieres vivir en abundancia con respecto al dinero, o pasar tu vida corriendo detrás y que se te escape y no te alcance?

Una vez que hayas analizado tus creencias y tomado la decisión de vivir en abundancia es hora de empezar a cambiar los pensamientos, emociones y creencias con respecto a él.

Para hacerlo, es necesario que día a día realices declaraciones conscientes, y las repitas una y otra vez hasta que se graben en tu mente.

Estas son algunas frases de ejemplo, puedes tomar las que más te gusten o buscar o pensar en otras que ayuden a tu propósito.

El dinero me llega fácilmente.

El dinero fluye abundante y libremente en mi vida.

Me encanta ganar dinero.

Puedo crear dinero y abundancia a través del entusiasmo, la vitalidad y el amor propio.

Hay mucho dinero para todos.

Puedo gastar dinero en cosas que valoro y disfruto.

El dinero está disponible para mí.

Tengo suficiente dinero.

Si te quejas y te quejas, cada vez llegaran más motivos para hacerlo; en cambio, si agradeces constantemente el dinero o el resto de las cosas buenas en tu vida, más abundancia de ellas tendrás. Por lo tanto, es imprescindible el agradecimiento constante.

Viniste a esta vida a aprender a ser feliz y abundante, el dinero, quieras o no, normalmente, contribuye en gran parte a ello. A diferencia de lo que muchos opinan, el dinero no es lo contrario de la espiritualidad, la riqueza material no es mala, sino que es funcional y te ayuda con tus sueños, tu camino y tu propósito, es un medio para un fin.

Para sanar tu interior con respecto a las relaciones con el dinero, se pueden utilizar las herramientas que serán mencionadas más adelante.

El dinero fortalece tu confianza y tu autoestima. Cuando empiezas a ganar más, crees más en ti y en que eres capaz de lograr todo lo que te propongas. Esto es un arma de doble filo porque, si ganas dinero y tienes pensamientos de abundancia con respecto a él, así fluirá en tu vida; si, por el contrario, pierdes dinero, comenzarás con pensamientos negativos y harán que se te escape más rápido.

Es de mucha importancia en ambos casos que puedas tener y generar pensamientos positivos y de abundancia y abandonar la necesidad que sientes en tu interior, tienes que aprender a soltar. Así, cuando estés escaso de dinero, podrá llegar a ti; y cuando tu dinero esté en aumento, podrás evitar que te consuma una ambición excesiva y sin sentido.

Cuando vives en amor y abundancia y tu relación con el dinero es sana, eres capaz de generar valor para el resto de las personas. Este valor atrae dinero a tu vida sin que tengas que pensar demasiado en él y sin que te consuma la ambición.

«El dinero que tengas dependerá en gran medida de las creencias respecto al dinero que tengas; si tienes pobres creencias, tendrás poco, si tienes grandes creencias, serás rico».
Educación Financiera

CONSECUENCIAS DE PERMANECER EN LA INCONSCIENCIA

¿Qué pasa si no sanas y continuas en la inconsciencia?

Tanto si tu decisión de permanecer en la inconsciencia es a propósito o por falta de conocimiento, los resultados negativos son diversos:

Te sientes perdido en la vida, no sabes hacia dónde vas o qué quieres.

Solo anhelas tus sueños sin voluntad para ir tras ellos.

Vives en baja autoestima, respeto y amor propio.

Envidias al prójimo.

Tratas mal a los demás.

Tus relaciones se vuelven conflictivas, ya sean amorosas, familiares, de amistad, laborales.

Si vas tras nuestros sueños, lo más probable es que no los logres. Si lo consigues, la felicidad que producen es efímera, ya que el vacío en tu interior siempre te acompañará para limitarte y recordarte que estás roto.

Caes en excesos y adicciones: alcohol, cigarrillo, drogas, sexo sin amor, o cualquier actividad que te sirva para olvidar y escapar momentáneamente de la vida que llevas.

Realizas deportes extremos o acciones excesivamente arriesgadas sin cuidar tu seguridad y tu vida, ya que poco te importan. La adrenalina es otra forma de esconderse y de olvido momentáneo.

Construyes relaciones sin amor, las cuales duran poco o para toda la vida, pero son, en realidad, una tortura.

Estás con muchos bajones de energía y mucho cansancio físico.

Pierdes la voluntad de intentar cosas nuevas y por ello tal vez la de encontrar tu camino.

Te alejas de la pasión por vivir.

No contribuyes a la sociedad, a ayudar al prójimo.

Eres vulnerable a la manipulación.

Energéticamente, te afecta la envidia de los demás, ataques de magia negra o brujería, almas perdidas o seres de oscuridad que se encuentran en el plano más cercano al nuestro.

Llegas a tener enfermedades mentales, psicológicas, psicosomáticas o físicas, desencadenadas por la falta de propósito y las heridas que tienes en tu interior.

¿Realmente quieres vivir de esta forma negativa?

¿Estás dispuesto a esforzarte para realizar un cambio?

¿Qué camino quieres seguir?

Son preguntas que tienes que responderte, la decisión es tuya. Yo solo puedo decirte que las consecuencias positivas o negativas de tus decisiones te van a acompañar a lo largo de toda tu vida.

Esforzarte para sanar y encontrar tu camino es muy difícil y cuesta; pero, a mi parecer, cuesta mucho más caro vivir en la inconsciencia y estar sufriendo toda la vida sin haber sanado y luchado por tus sueños.

ARREPENTIMIENTO Y AUTOCASTIGO

Lo primero que hay que dejar claro es que todos nos equivocamos y que nadie es perfecto, está en la naturaleza del ser humano. No eres la peor persona del mundo por cometer un error.

Si estás arrepentido porque dañaste a alguien, está bien, significa que tu consciencia está funcionando correctamente. Es necesario sentirse arrepentido, pedir disculpas, y hacer lo posible por resarcir el daño que causaste.

«Perdonar no borra el pasado, pero te libera de la carga del mismo».
Anónimo

Ahora bien, debes tener mucho cuidado con el arrepentimiento. No debes ser demasiado autocrítico por cometer errores, esto te lleva al autocastigo y es muy peligroso. Si el caso es que hiciste algo incorrecto, pediste disculpas e hiciste lo posible por resarcir el daño, el siguiente paso es que lo tomes como aprendizaje, lo dejes ir y continúes con tu vida sin mirar atrás.

También puede pasar que te arrepientas de no haber hecho algo, de haber desperdiciado una oportunidad, la cual no va a regresar, ya sea algo muy importante o algo muy pequeño, también has de tomarlo como aprendizaje y continuar con tu vida sin mirar atrás. Tienes que dejarlo ir, esto implica perdonarte a ti mismo.

En el caso de que no dejes ir los errores que has cometido, empiezas a hacerte reproches y a menospreciarte, te castigas cada vez más por los mínimos errores. Se hace muy recurrente, piensas una y otra vez en lo sucedido, lo repasas mil veces en tu mente y piensas en todo lo que deberías o no deberías haber hecho.

Esto te lleva a destruirte internamente, mina tu autoestima, motivación y voluntad y te conduce a sufrir emociones negativas como ira, angustia y ansiedad, que al no poder liberarlas porque sigues repitiendo el asunto se van acumulando en tu cuerpo.

*«Las lágrimas más amargas que se derramarán
sobre nuestra tumba serán las de las palabras no
dichas y las de las obras inacabadas».*
Harriet Beecher Stowe

Entrar en el excesivo arrepentimiento y en el autocastigo es entrar en un ciclo muy difícil de salir, es cada vez más fácil castigarte a ti mismo porque tu autoestima es cada vez menor y, ya que te encuentras en esa vibración, el universo te seguirá dando más motivos para que puedas seguir haciéndolo.

Para salir de este ciclo sin fin en el que te encuentras, es necesario que entres en consciencia, identifiques, sanes y hagas las paces con tus errores del pasado. Por último, que tomes el aprendizaje y puedas soltarlos y dejarlos ir.

NO SEAS UNA VÍCTIMA

Caer en el papel de víctima o, en realidad, ponerte en ese lugar es de lo peor que puedes hacer. Al hacer esto, te quejas, sufres innecesariamente, te acostumbras a vivir de forma mediocre, dejas de tener ambiciones y esperar cosas positivas de la vida, bajas tu vibración y tu energía, y atraes cada vez más negatividad a tu vida.

Tienes que responsabilizarte de tu vida, ya sea que hayas tenido las peores circunstancias o te hayan enseñado a vivir de esta forma, porque es lo que tus padres o quien te crio conocía.

Nada es una excusa, sé que hay situaciones extremadamente complicadas, pero si tú no tienes la voluntad de salir de este papel de victimización, tu vida entera será de esa forma.

El pasado no se puede cambiar, sin embargo, es necesario que lo sanes y que puedas dedicarte a construir una vida mejor hoy en tu presente, para que tu futuro sea extraordinario.

«Si actúas como una víctima es probable que seas tratado como tal».
Paulo Coelho

Si quieres cambiar el papel de víctima en el que te encuentras sumergido, necesitas sanar y hacer las paces con tu pasado, aceptar tu situación actual, sea cual sea, y tomar la determinación de ser el protagonista de tu vida.

Tienes que dejar de echarle la culpa a los demás y de quejarte; empezar a pensar en positivo y disfrutar de los pequeños detalles de la vida diaria.

SANACIÓN INSTANTÁNEA

Una vez que has decidido y tienes la voluntad de sanar lo que cargas y traes contigo, para que el proceso de sanación sea más sencillo, tienes que tomar la determinación de evitar juntar pensamientos y emociones negativas que te surgen en el día a día. Si no, más adelante, de todas formas, tendrás que sanarlo.

¿Cómo haces esto?

Pues podría considerarse el *mindfulness*. La forma de no acumular es extremadamente sencilla: prestar atención a esa emoción cuando surge. Cuando te das cuenta de que te enojas, de que estás nervioso, de que tienes miedo, etcétera, hay que frenar un momento y permitirse sentir esa sensación y emoción.

Toda emoción se siente en alguna parte del cuerpo, no todos la sienten igual, sin embargo, por ejemplo, si cuando te enojas sientes una presión en el pecho, lo que tienes que hacer es dirigir la atención a esa sensación, sin pensar y sin juzgar, simplemente sentirla.

Cuando hagas esto, la sensación y la emoción desaparecerán. Dependiendo de la intensidad de la emoción es el tiempo que va a tardar en irse, aunque no debería demorar. La mayoría de las veces desaparece antes de dos minutos. Esto se realiza cada vez que sea necesario. Si, por ejemplo, es algo muy importante que cava profundamente en ti, lo más probable es que más tarde regrese, en ese caso simplemente lo tienes que hacer de nuevo y de nuevo.

Cuando realices esto y la emoción se haya ido, te darás cuenta de que tienes la mente más clara, sin estar nublada. Serás capaz de tomar decisiones de acción con mucha mayor conciencia con respecto a ese tema.

Esto es algo muy relevante, ya que las decisiones que vas tomando todos los días son las que guían tu camino, para bien o para mal. La importancia de tomar decisiones con claridad y consciencia determinan tu vida: si conservas o no una relación de pareja con la persona que amas, si haces buenas inversiones y no desperdicias tu dinero, si tratas correctamente a tus hijos, si conservas un empleo o si es agradable el ambiente en ese lugar.

No puedes dejar que las emociones del momento guíen tu vida. Tienes que hacerlo tú, con consciencia, para poder estar en control de ella y vivirla en tus términos. Si al manejar las emociones lo haces de manera incorrecta, las decisiones que tomes en el momento pueden afectar de forma muy negativa el resto de tu vida.

¿Has discutido alguna vez con tu pareja y dicho cosas de las que después te arrepientes?

¿Le has pegado a alguno de tus hijos y te arrepientes?

¿Has tratado mal a un compañero del trabajo o a un jefe?

Estos son solo algunos ejemplos, sin embargo, las situaciones son ilimitadas, y todas ellas causadas por no poder controlar las emociones en el momento. No solo te hacen explotar en el acto, sino que, si no les prestas atención, se acumulan en tu cuerpo y te condicionan y limitan para decisiones futuras.

Todas las emociones y situaciones en las que no te responsabilizas y no te haces consciente de lo que sientes se acumulan en tu cuerpo y te generan una carga interna cada vez más pesada. Carga que te limita en tus reacciones y toma de decisiones y, cuando la quieres sanar, cuesta mucho más que si lo hicieras en el mismo momento que surge.

Es de gran importancia que aprendas la sanación instantánea, ya que en tu vida siempre van a surgir situaciones que te puedan incomodar o dañar, nadie está exento de ello y del dolor que conlleva, somos seres humanos y esa es nuestra naturaleza. Pero si aprendes a afrontarlo en el momento, serás un ser en conciencia que se responsabiliza por sí mismo y no acumula cargas que lo vayan a dañar más de lo estrictamente momentáneo e inevitable.

SANACIÓN DE LAS CARGAS ACUMULADAS

Tenemos que partir del principio de que somos todos distintos y, por consecuencia, así son nuestros procesos.

Tienes que buscar los métodos que más se ajusten a ti, a tu forma de ser, a lo que vayas sintiendo en cada momento.

Te voy a mencionar y desarrollar algunas herramientas, habrás leído que a mí me sirvieron, cada una de una forma diferente.

De todos modos, tienes que buscar tu camino, tal vez, ninguna de estas herramientas te llene o no sientas que te ayuden, sin embargo, nunca lo sabrás si no lo intentas.

Mi familia siempre fue católica y yo fui a escuelas católicas. Esta religión no está de acuerdo con algunas de las herramientas que menciono. Por eso, a mí también me costó probarlas, fui seteado durante mi infancia y adolescencia para no hacerlo.

Sin embargo, tienes que poder ir más allá y comprobarlo por ti mismo, porque si te quedas solamente con lo que conoces, encerrado en una religión, por ejemplo, ¿cómo sabes que lo demás no funciona? Y, ¿cómo puedes estar seguro de que estás conforme y que realmente te sirve esa religión si no pruebas cosas diferentes? Por algo estás leyendo este libro. Siempre y cuando no te desvíes de los límites éticos y morales, deberías intentarlo.

Para mí, dar el paso a probar estas cosas nuevas fue difícil y también tuve críticas y hubo mucho escepticismo de allegados. Pero no podía aguantar más como estaba, mi situación era insostenible y era necesario cambiarla, estaba en un camino de autodestrucción.

La verdad, no me arrepiento de nada. Por eso me animo a desnudarme y contar mi historia, para inspirarte si estás perdido y que puedas conseguir la plenitud interna. Quiero entregarte estas herramientas y estos conocimientos que nadie me enseñó y tuve que encontrar completamente por mí mismo. Es mi mayor deseo que esto llegue a la mayor cantidad de personas y que puedan vivir en la felicidad, abundancia, amor y plenitud.

Para sanar las cargas acumuladas, tienes que hacer consciente lo inconsciente y sentir el dolor de las heridas y emociones que tienes escondidas. Es similar al proceso de sanación instantánea, la clave de toda sanación es eso precisamente, que sientas el dolor y la emoción y puedas liberarlos, dejarlos ir, para que tu cuerpo y tu alma se limpien y puedan sacarse de encima esa carga que tanto te está dañando.

El inconveniente real radica en que como no se trata de una situación que esté ocurriendo en tu vida física en este momento presente, no sabes qué es lo que trae y que te afecta, la causa del problema o afección.

Por eso, en la psicología tradicional te hacen hablar y hablar. Los terapeutas te guían y te hacen preguntas para que intentes encontrar qué es eso que tienes que sanar, que está en tu interior, te hacen pensar y buscar en tu mente aquella situación que te ocurrió y que hoy te sigue afectando. Cuando encuentras la causa con la guía del terapeuta, te conectas con esa emoción, ahí es cuando puedes sentir y liberar.

El problema de ese sistema es que lleva mucho tiempo, pueden transcurrir incluso años hasta encontrar la raíz de tus afecciones.

Además, si realmente existen otras vidas, aunque no creas en ello, tienes que dejar un margen de duda razonable de que de ahí venga la causa, ¿cómo podrías, con la psicología tradicional, hacer consciente algo que no te ocurrió en esta vida?

Si es posible heredar heridas, cargas, hechizos, entre otras cosas, del árbol familiar, ¿cómo podrías, con la psicología tradicional, hacer consciente algo que no te ocurrió a ti sino a un antepasado, muchos años atrás, cuando ni siquiera existía tu cuerpo en esta vida?

Por eso, las terapias holísticas son tan prácticas, te llevan inmediatamente a aquello que tu alma necesita sanar, no pierdes tiempo en tratar de encontrar las causas de tus problemas, sino que las encuentras en el acto, sin necesidad de meses o años de conversación por cada tema.

Una vez localizada la causa de la afección, se revive, se conversa, se perdona, se hace consciente, se quita la energía de oscuridad, se siente la emoción, según el tipo de terapia que sea, y se libera.

Si sientes que la psicología tradicional es lo tuyo, que te sirve, hazlo, pero te insto a que no te quedes con eso solamente y que pruebes nuevos métodos, porque lo cierto es que las terapias holísticas te ahorrarán años de sufrimiento, de problemas y de renegar para sanar, poder encontrar tu camino y cumplir tus sueños.

Sanar todo lo que tienes pendiente te hará entrar en consciencia, vivir mejor, poder disfrutar más del día a día, tener más energía, te ayudará a encontrar un camino o sueños en tu vida y a cumplirlos más rápido. Al estar tu alma liberada de todos los daños que sufrió, no hay nada que te limite y te frene, vas a poder lograr lo que te propongas muy fácilmente, ni siquiera sentirás que es un esfuerzo porque la motivación y la voluntad surgirán desde la consciencia y de la certeza que estás haciendo lo correcto y lo que más te beneficiará a ti, al resto de las personas, e incluso al planeta entero en esta vida.

LEY DE ATRACCIÓN

Es posible que hayas escuchado sobre la ley en algún momento de tu vida, tal vez te reíste y no le prestaste mucha atención, o tal vez intentaste aplicarla sin resultados aparentes.

Sea cual sea tu caso, es mi deber decirte que la ley de atracción es muy importante en tu vida, y deberías darle mayor importancia.

Para no hacerlo tan complicado, básicamente, atraes lo que piensas, eres como un imán pero que atrae con sus pensamientos. ¿Alguna vez te has frenado a pensar en cada uno de los pensamientos que tienes en el día? ¿Predominan los positivos o los negativos?

Si hablas de cosas negativas todo el día, no solamente lo estás diciendo, sino que es porque te paraste a pensar en ellas. Entonces, cuando te quejas en voz alta o en tus pensamientos, lo único que logras es reforzar eso en tu vida, te estás enfocando en ese tipo de pensamientos, de energía y de vibraciones. Al reforzar esta energía en tu vida, le estás pidiendo al universo que te envíe más razones para quejarte y para seguir por el mismo camino.

Por ejemplo, alguien que está enfermo, que piensa y habla todo el tiempo de eso, lo que hace es reafirmar inconscientemente su enfermedad.

Lo mismo pasa en el sentido inverso, si piensas en positivo con abundancia y te enfocas en ello, cada día será mejor incluso que el anterior. Esto pasa porque le estás pidiendo al universo más de eso en tu vida. Así es como aparecerán más cosas y situaciones que refuerzan esa energía y vibración de abundancia en tu vida.

¿Has escuchado la frase «el dinero llama al dinero»? Pues se debe a que, una vez que tienes dinero, sientes más abundancia en ese aspecto, por lo tanto, te lleva a atraer más dinero, porque es en lo que estás enfocando tu energía en ese momento.

*«El secreto de la vida es pensar en lo que quieres y
no en lo que temes».*
Rhonda Byrne

¿Cómo puedes utilizar la ley de atracción para manifestar tus deseos y sueños? Pues funciona así: para el universo no hay positivo ni negativo, él te envía más sobre lo que estás pensando o enfocándote.

Entonces, si estás enfermo y quieres estar sano, si piensas «no quiero estar enfermo», lo que atraes es la enfermedad porque en ella te enfocas. En cambio, si piensas «soy una persona completamente sana», «cada día estoy más fuerte», «me siento perfecto y cada vez me siento mejor», piensas en salud y así cada vez tendrás más salud en tu vida hasta que te cures completamente y puedas vivir en salud.

Otro punto clave es la visualización, tienes que tomarte el tiempo y el trabajo de imaginarte lo que deseas y hacer de cuenta como que ya lo tuvieras en tu vida, además de sentir la emoción de felicidad y abundancia, debes imaginarlo en presente, como si ya lo hubieras conseguido.

> *«La razón por la cual la visualización tiene tanto poder es porque crea fotos en tu mente donde te ves a ti mismo teniendo todo lo que quieres. Estás generando pensamientos y sentimientos de que lo tienes en el momento presente».*
> **Rhonda Byrne**

Después de la visualización y de asociar los sentimientos y emociones positivos, lo que debes hacer es soltar y confiar, la ansiedad no ayuda y es una emoción de escasez. Tu pedido ya fue lanzado al universo y debes reforzarlo siempre que puedas, pero haz de cuenta que ya lo tuvieras y confía en que el universo te lo enviará.

Debes ser agradecido de todo lo que tienes en la vida y debes agradecer lo que visualizas como si ya lo tuvieras, todo esto hará que atraigas lo que deseas y muchas cosas más de las que estar agradecido en tu vida.

«La gratitud te conecta con el corazón del universo y
te abre a recibir más bendiciones».
Rhonda Byrne

Es importante que seas coherente con lo que le pides al universo y tengas consistencia y perseverancia en ello. De no ser así, él no te enviará lo que estás solicitando porque las instrucciones que recibirá serán contradictorias. Por ejemplo, si deseas una casa nueva para irte a vivir a otra ciudad, lo visualizas y realizas lo necesario para manifestarlo, pero al mismo tiempo deseas seguir viviendo, toda tu vida, próximo a la casa de tus padres o amigos que viven cerca de donde estás viviendo ahora. No tiene lógica, estas pidiendo dos cosas completamente diferentes. Tienes que pensar qué es lo que realmente quieres e ir por ello, ser perseverante y constante con tus deseos y pensamientos a lo largo del tiempo para que ellos se manifiesten y los puedas recibir en tu vida.

La vida es hermosa si decides que así lo sea. Tienes que estar dispuesto a darle una oportunidad, tener la voluntad y el compromiso de manifestar y hacer realidad lo que sueñas.

La ley de atracción existe y es increíblemente poderosa, utilizarla conscientemente te hará vivir en plenitud y conseguir todo lo que puedas imaginar. Sin embargo, es necesario mencionar una limitación: para que la utilices de la forma más provechosa para ti y para las otras personas, debes estar lo más sano y consciente posible en lo que al alma respecta.

Si aún posees cargas, posees limitaciones, cada una según el peso de la carga correspondiente, por ejemplo, si no has sanado lo relacionado al dinero, por más que te esfuerces en tener pensamientos y sentimientos positivos y favorables con respecto a él, incluso sin darte cuenta, los pensamientos negativos surgirán de tu inconsciente, saboteando tus intentos de abundancia económica. O tal vez logres mejorarla momentáneamente, pero vas a volver al mismo lugar tarde o temprano.

Mi consejo para ti es que, en principio, hagas lo mejor posible para utilizar esta ley enfocándote en tu sanación para que puedas liberarte completamente de tus cargas, luego decides cómo aplicarla de la forma más beneficiosa.

La ley de atracción es de las mejores herramientas que existen para que puedas vivir una vida extraordinaria y con pasión. Conocerla, comprenderla y aplicarla en consecuencia es extremadamente importante para que logres vivir en abundancia y plenitud, y cumplas todos tus sueños.

MI PROCESO

Como habrás leído en mi historia, te resumo el paso a paso de mi proceso de sanación y evolución:

Meditación: Intermitente a lo largo de mi vida, realmente, no sentía que me hubiera servido hasta hace poco, pero justamente nunca lo había hecho con la constancia necesaria hasta hace unos meses.

Mindfulness: Es muy práctico, me sirvió mucho para bajar la ansiedad entre otras cosas, aún trato de utilizarlo todos los días.

Reiki: Lo utilicé un montón en primer momento y fue de mucha importancia, luego fue quedando de lado, pero aun así lo sigo utilizando cuando puedo, para mí es una herramienta que complementa el resto.

Constelaciones familiares: Solo realicé un par de sesiones, ¡fueron muy buenas y productivas! Sin embargo, no volví a sentir necesidad de realizar otra.

Masaje Shiatsu: No sentí que hubiera causado absolutamente nada en mí, más que ser un masaje. Sirvió para saber que eso no resuena conmigo, por lo menos hasta hoy, mañana quién sabe.

Terapia de regresiones a vidas pasadas: Realicé una sesión y fue tan increíble que luego me inscribí en el curso *online* «La mirada del águila». Duró un año, me sentí muy bien, y fue muy productivo para sanar. Sin embargo, también siento que cumplió su objetivo, no realicé el posgrado ni tengo intenciones de ejercer como terapeuta.

Registros akáshicos y registros angélicos: Me inicié y en la actualidad es con lo que me siento más identificado, siento que es mucho más práctico y sencillo que las regresiones, y desde este método también se pueden sanar vidas pasadas.

Yo estuve la mayor parte de mi vida en el Grupo 3, hoy puedo decir que gracias a la voluntad de salir de donde me encontraba, y a las herramientas mencionadas, soy del grupo 1.

Estoy comprometido con una mujer maravillosa con la que tengo intenciones de pasar el resto de mi vida; económicamente, me siento en abundancia y se potencia cada vez más, ya encontré mi camino y mi objetivo.

Vuelvo a destacar que todos tenemos procesos distintos y que cada uno los afronta a su manera. Las herramientas que para mí fueron más efectivas tal vez a ti no te sirvan, en cambio, puedes utilizar otras que yo ni siquiera conozco.

El secreto es que tengas la voluntad de cambiar y salir de donde te encuentras, que tengas la mente abierta para probar y encontrar lo que más te sirva a ti, y que utilices en medio la ley de atracción con la mayor conciencia posible.

HERRAMIENTAS

Voy a explicar, rápidamente, cómo funcionan las herramientas mencionadas. Es necesario que pruebes distintas y te quedes con la que te sientas más a gusto.

Es posible sentir que una te sirve hoy, pero cuando avances un poco más ya no sientas necesario utilizarla.

Cabe destacar que es muy importante que te sientas cómodo con el maestro o terapeuta que vayas a realizar la iniciación o sesiones. Es necesario sentirse tranquilo y poder confiar en esta persona, ya que por lo general se maneja información muy sensible y necesitarás sentirte lo más contenido posible.

Para encontrar las herramientas que más se ajusten a ti, puedes utilizar la ley de atracción, enviando al universo los pensamientos, sentimientos y emociones de que ya has encontrado las mejores y que gracias a ellas te estás completando sano y libre, y cumpliendo tus sueños.

MEDITACIÓN

La meditación es un entrenamiento mental. En este, desarrollamos la atención plena, la concentración de nuestra mente en algo específico.

Cientos de estudios demuestran sus beneficios y cada vez se practica más. Una de las grandes ventajas es lo accesible que resulta, ya que todos los seres humanos somos capaces de hacerlo y es posible meditar en cualquier momento y en cualquier lugar. Lo único que se necesita es hacerse un tiempo para ello. Con diez o quince minutos al día es suficiente; lo que importa es la constancia.

Existen variados métodos de meditación, no voy a ahondar en ellos, si deseas incursionar, deberás investigarlos, practicarlos y encontrar el que más te sirva.

Los beneficios de la meditación incluyen:

Tener una nueva perspectiva de las situaciones estresantes.

Adquirir habilidades para controlar el estrés.

Aumentar la autoconciencia.

Enfocarse en el presente.

Reducir las emociones negativas.

Aumentar la imaginación y la creatividad.

Aumentar la paciencia y la tolerancia.

Bajar la frecuencia cardiaca.

Bajar la presión arterial en reposo.

Mejorar la calidad del sueño.

Reducir, controlar y hasta sanar completamente diversas enfermedades.

La meditación es una base importante para todo lo que desees hacer en tu vida. Te da el enfoque y la paz que necesitas en el día a día para que puedas lograr más fácilmente todo lo que te propongas. Te mantiene estable, en equilibrio.

MINDFULNESS

Este método es una clase de meditación activa, trata sobre vivir en el presente.

El *mindfulness* se basa en poder observar y reconocer la propia experiencia y vivir en este mundo.

¿Crees tener control consciente de tu atención? Lo que normalmente sucede es que estás constantemente atendiendo a pensamientos acerca del pasado o del futuro o bien reconociendo solo una pequeña porción de lo que está sucediendo en el presente.

Si lo que estás experimentando te gusta, quieres que continúe eternamente o, si lo que estás experimentando te desagrada, quieres que desaparezca de inmediato. Esta herramienta te ayuda a comprender que todo es pasajero, la tristeza, el sufrimiento y lo desagradable que experimentas en esta vida. Te ayuda a poder apreciar lo positivo en el momento y a poder aceptar lo negativo, evitando el sufrimiento innecesario con consciencia de que también pasará.

Significa que te permite reconocer lo que está sucediendo mientras está sucediendo, aceptando activamente el fluir de la experiencia tal cual se está dando. Así es que, aunque experimentes algo desagradable, podrás ahorrarte el sufrimiento añadido de tener que lograr que aquello desaparezca. Quedarte solo con lo que experimentas sin agregar nada más es lo que esta práctica permite.

El *mindfulness* te sirve para que puedas vivir en felicidad y abundancia más fácilmente, te ayuda a vivir con pasión al poder disfrutar cada momento del día a día. Permite que puedas limitar tus pensamientos y al mismo momento ser más consciente de ellos, y podrás aprovecharlos de esta forma para la aplicación de la ley de atracción en tu vida.

Si no tienes tiempo en tu rutina diaria, o en realidad no te haces el tiempo, para dedicarte a otras herramientas de sanación y evolución, puedes utilizar el *mindfulness* en cualquier momento o situación, no necesitas dejar de hacer lo que estés haciendo. Puedes hacerlo mientras estudias, trabajas, estás hablando con alguien más, no hay nada que te lo impida, de hecho, vas a poder ser más consciente y enfocarte más en eso que estés haciendo.

REIKI

Este es uno de los métodos curativos más antiguos de los que la humanidad tiene conocimiento. Es un tipo de terapia energética en la que la «energía vital universal» se canaliza hacia el paciente a través de la imposición de manos y la intención positiva. Puede mejorar el flujo y el equilibrio de la energía. Se cree que los desequilibrios o alteraciones energéticas provocan enfermedades.

Se utiliza para tratar el dolor, el estrés, la fatiga, la depresión, la ansiedad y muchas otras condiciones, aunque no existe una buena evidencia científica que respalde estos usos.

Es una energía inofensiva, sin efectos secundarios, es práctica, segura, eficiente y compatible con cualquier otro tipo de terapia.

Existen cuatro niveles de Reiki, es necesario tener el nivel anterior para pasar al siguiente.

Nivel 1: Se estudia la historia del reiki y se reciben la primera iniciación y las instrucciones para practicar la imposición de las manos. A partir de este momento, podrás aplicar el reiki a otras personas y aplicártelo a ti mismo.

Nivel 2: Se enseñan tres símbolos que permiten nuevas aplicaciones del reiki para enviar a distancia y para concretar sus aplicaciones: protección, calmar, fortalecer energéticamente, etcétera. Para ello, se enseñará el significado y usos de cada símbolo.

Nivel 3: En el tercer nivel de Reiki se da un paso muy importante, que es el de la maestría interior. Lo que supone adentrarse en el Reiki desde una práctica y un tiempo previo que nos ha permitido conocerlo y descubrir su aporte como medio no solamente de curación natural, sino de desarrollo o camino personal y espiritual. Se entrega otro símbolo, el símbolo de la maestría, y se dan pautas para ir adquiriendo una formación y experiencia profunda con el reiki.

Nivel 4: La maestría supone el nivel que culmina nuestro proceso de iniciación en Reiki. Es el comienzo de un camino en el que como maestros tenemos la oportunidad de transmitir este maravilloso método de curación y crecimiento interior. Se enseñará a iniciar a otras personas en Reiki, transmitiendo el método de iniciaciones de Reiki.

Es recomendable ir a una sesión y, de acuerdo a los resultados, iniciarse en el primer nivel. Según cómo te sientas, verás si te interesa iniciarte y a cuál nivel te gustaría llegar.

Al reiki puedes utilizarlo en ti mismo cuando estés cansado, enfermo, sientas un desequilibrio energético, debas sanar algo, en definitiva, cuando sientas que lo necesitas. De la misma manera, puedes utilizarlo en los demás.

Ojo, no debes intervenir en la vida y energía de los demás si ellos no lo solicitan o permiten. Si lo haces, intervienes en sus procesos y no tienes ningún derecho a hacerlo. Por más que sientas que la persona lo necesita y que tú puedes ayudar, no lo hagas; de lo contrario, no harás más que dañar el proceso de evolución de los demás y te generará un karma innecesario.

Si sientes que puedes ayudar, debes ofrecerle hacerle reiki a la otra persona, algunas veces lo aceptan, otras no. Debes respetar esa decisión, a ti no te corresponde tomarla.

CONSTELACIONES FAMILIARES

Sirven para sanar tu historia y encontrar el mensaje que traen los conflictos que experimentas. Puedes conocer en mayor o menor medida tu árbol genealógico, es innegable que deja huellas. Es posible que en este momento no te des cuenta, pero siempre arrastras algo de tus antepasados para sanar, a no ser que no lo hayas heredado debido a que tus padres ya hayan realizado ese trabajo de sanación.

Las Constelaciones Familiares son una herramienta terapéutica orientada a identificar el tipo de relaciones que se establecen entre los diferentes miembros del sistema familiar.

Se concibe a cada miembro de la familia como el arquetipo que representa, es decir, no como la persona que es, sino como lo que representa para la persona que se constela.

El objetivo principal es que la persona pueda identificar las dinámicas perjudiciales inconscientes que se han establecido en su familia y las actitudes y conductas que se han generado entre sus miembros.

Esta información, por una parte, le permite a la persona reinterpretar los patrones familiares disfuncionales que reproduce de forma inconsciente, para encontrar soluciones a los conflictos enquistados.

Y, por otra parte, la constelación pretende despertar los sentimientos y emociones que están latentes en el inconsciente de la persona, para que pueda gestionarlos y reconciliarse con ciertas personas y eventos del pasado.

Cuando se realiza en grupos, suelen ser de cinco a doce personas, entre las que se encuentra el constelador/a o terapeuta que dirige la sesión.

Consiste en un encuentro donde los participantes que lo deseen pueden «constelar» una situación o conflicto, el que presentan brevemente al grupo. Otros participantes son elegidos por el consultante o por el terapeuta para que representen a las personas que integran la familia del consultante.

Estos reproducen actitudes y emociones inconscientes que estarían relacionadas con las vivencias familiares de la persona que realiza la terapia, echando luz sobre el problema planteado. En esta representación, la persona puede ver y hacer consciente el tipo de relaciones que se han establecido entre los diferentes miembros de su familia de una manera simbólica.

En caso de ser una sesión individual se utilizan muñecos, títeres o fichas de madera para realizar las representaciones necesarias.

El resultado de la constelación es una imagen o solución de la que no se saca una conclusión definitiva, sencillamente se ve, se siente y se deja que haga su trabajo de sanación.

Las constelaciones familiares son muy útiles, ya que no solo te ayudan a ti, sino también a tus antepasados. Si te estaba dañando a ti es porque ellos no pudieron sanarlo en vida, por lo tanto, es una carga que se quedó en sus almas y los acompañará en sus siguientes vidas hasta que la sanen. En cambio, si lo haces tú, los estás ayudando a sanar en ese momento y evitas que tengan que hacerlo más adelante cuando encarnen nuevamente.

Además, también estás ayudando a tus hijos. Si tú heredaste esa carga, lo más probable es que ellos la hayan heredado o lo harán cuando nazcan. Al sanarlo tú, evitas que ellos tengan cargas y sufrimiento innecesarios, que no les corresponden.

TERAPIA DE VIDAS PASADAS

Es el procedimiento para traer el inconsciente al consciente con el fin de trabajar terapéuticamente las experiencias traumáticas ocultas de esta vida y de existencias anteriores que desde la sombra del subconsciente pueden perturbar a la vida actual.

La TVP ha demostrado ser útil para una amplia gama de problemas: miedos, ansiedad, tristeza, ira, violencia, superar experiencias traumáticas o duelos, problemas de salud, adicciones, dolores físicos crónicos, enfermedades psicosomáticas (alergias, psoriasis, problemas digestivos, entre otras), bloqueos, maldiciones, almas perdidas y un largo etcétera.

La sesión se inicia a partir de cualquier síntoma que se quiera tratar: puede ser desde un dolor físico hasta un patrón de comportamiento o una adicción. Para llegar a ese síntoma, primero se realiza una entrevista. Luego se ingresa en la experiencia a partir de una relajación guiada, no es por hipnosis, por lo tanto, estás completamente consciente durante el proceso. Luego se encuentra la causa del trauma y se pasa por esa experiencia para poder sanar y entender a fondo cómo afecta tu vida actual. Por último, se pasa por la muerte de esa vida, se retira la energía y te diriges hacia la luz, al lugar que todos van después de la muerte, a donde te esperan seres queridos y guías y maestros espirituales, ahí puedes preguntar a qué se debía que tenías que pasar por esa vida de esa forma y además te pueden dar distintos mensajes útiles para la vida actual.

Lo interesante es que, si no sabes qué tratar, en la entrevista antes de la regresión, pueden surgir un montón de temas que no te das cuenta de que son patrones o hábitos o algo que te afecta, ya que te has acostumbrado a vivir con ello y te resulta normal.

La terapia de vidas pasadas es realmente muy interesante y es para aquellos que no tienen miedo de experimentar situaciones que fueron traumáticas. Imagínate que decides realizar una regresión porque te da claustrofobia entrar en lugares pequeños o tal vez a sótanos, y resulta que en una vida pasada fuiste enterrado vivo.

¿Estás dispuesto a ver cómo llegas a esa situación? ¿Estás dispuesto a revivir que te entierran vivo, mientras estas aterrado y buscas desesperadamente cómo salir de ese lugar y no lo consigues?

Tampoco te quiero asustar, pero es necesario que entiendas que revivirás experiencias traumáticas, algunas más que otras.

Es como si estuvieras en un sueño de esos que se sienten muy reales. Sin embargo, sabes que estás acostado en la cama o en el sillón, y al mismo tiempo estas reviviendo esa experiencia de otra vida.

Si te gusta soñar, las emociones fuertes, o meterte mucho en una película como si la vivieras, esta es una muy buena opción para ti; es muy estimulante. Ni hablar de que es una sanación profunda, además se pueden llegar a sanar varios asuntos en una sola sesión. Incluso durante la experiencia surgen y se sanan otros temas que no eran el motivo de la sesión y tal vez ni siquiera habías notado que te estaban afectando.

La terapia de regresiones es una herramienta muy útil para conocerte a ti mismo, ya que al revivir vidas anteriores tomas consciencia de que no eres solamente un cuerpo en esta vida, sino mucho más, eres inmenso, has vivido distintas vidas, tal vez muchas.

Entras en contacto y ves a los guías y maestros espirituales, te das cuenta de que no estás solo, de que siempre estás acompañado, de que decidiste o aceptaste pasar por todo lo que estás pasando en esta vida, tú elegiste el lugar donde naciste, la familia que tienes o no tienes, lo bueno y lo malo de tus circunstancias, te guste o no te guste así es.

Todo tiene un motivo, una razón de ser, algo tenías que aprender o tal vez tenías karma que sanar. Entiendes que, con ayuda de los seres de luz, o simplemente tú solo, eres artífice y creador de lo que te está pasando y debes responsabilizarte de ello.

Es posible que estas palabras no las entiendas totalmente hoy, hasta que pases por las experiencias que te mencioné.

¿Te animas a intentarlo?

REGISTROS AKÁSHICOS

Aprender a leer los Registros Akáshicos es para todo aquel que haya decidido trabajar aún más profundamente su autoconocimiento, su conexión espiritual y expandir su experiencia en este universo.

Los Registros Akáshicos son una memoria universal de la existencia, un espacio multidimensional donde se archivan todas las experiencias del alma incluyendo todos los conocimientos y las experiencias de las vidas pasadas, la vida presente y las potencialidades futuras. Este sistema energético contiene todas las potencialidades que el Alma posee para su evolución en esta vida y su verdadera razón de ser, el sentido de la existencia. Existe para el plano individual, planetario y universal con diferentes frecuencias vibratorias. En Egipto se conoce como las «Tablas de Thoth», en la Biblia como «Libro de la vida», en el Islam como «Tabla Eterna» y los Mayas los denominan el «Banco Psi».

Los Registros Akáshicos están gobernados y protegidos por Seres de Luz, no físicos, llamados Guardianes o Señores de los Registros Akáshicos. Ellos son los encargados de custodiar esta valiosa biblioteca donde está grabada la memoria completa de la existencia. Ellos aseguran la integridad y seguridad de esta.

Los Maestros, Guías y Seres queridos son quienes tienen el permiso de acceder a esa información en el Reino Akáshico para conectar con el Reino Terrestre.

Al hacer una lectura de Registros, estamos leyendo el aspecto de las cosas desde un estado de conciencia «expandida». Es así como, al entrar a los Registros Akáshicos, no solo recibimos información, sino que la apertura puede traer consigo desbloqueos, limpieza y/o sanación.

A través de las preguntas y las respuestas, tenemos la oportunidad de resolver situaciones de origen emocional, mental y hasta físicos. Esta es una técnica espiritual para la evolución de nuestro ser interior; para conectar con nuestra potencialidad y nuestro ser puro y esencial.

Existen cuatro niveles de registros akáshicos:

NIVEL 1: Aprendes a abrir y leer tus propios registros.

NIVEL 2: Aprendes a abrir y leer los registros de otras personas y seres vivos.

NIVEL 3: Este es un nivel dedicado a la sanación.

NIVEL 4: Maestría.

No es necesario que aprendas a realizar lecturas de registros akáshicos, puedes simplemente realizar sesiones con alguien que sí lo haga. Sin embargo, por todo lo que implica, te recomiendo que lo aprendas, ya que de este modo podrás contactar con mayor facilidad a guías, maestros y seres de luz cuando lo necesites. Además, podrás sanar y entrar en consciencia más rápido y ayudar a los demás si lo necesitaran.

Aprender a hacer lecturas de registros akáshicos es un rápido camino para tu evolución y crecimiento. Una vez que puedas hacerlo, no necesitarás ir pagando por sesiones, simplemente te haces el tiempo y trabajas en ti mismo en lo que sea que estés necesitando en ese momento desde la comodidad de tu hogar o desde donde te encuentres.

Cuando abres tus propios registros, puedes dejarlos abiertos con un objetivo específico, en cambio, cuando realizas una sesión con alguien más, solo se abren un momento para la sesión y luego se cierran.

Que lo hagas tú, te da una libertad y capacidad de sanación y evolución que no tiene precio. Además de ayudarte enormemente para que puedas encontrar tu camino en esta vida y que puedas cumplir todos tus sueños.

REGISTROS ANGÉLICOS

Los Registros Akáshicos Angélicos te ayudan a acceder a la información del libro de tu alma a través del canal angélico. Este método de apertura de Angelical te aporta además poder canalizar con los ángeles, pues son ellos los que te comunican si estás en los registros o simplemente van a usarte de canal para darte mensajes.

En la Lectura Angelical realizamos la apertura de nuestro Canal de Luz para recibir mensajes e información de los Ángeles, de los Maestros Ascendidos y Guías Espirituales, de nuestro Ángel Solar, en definitiva, de los Seres de Luz que nos asistan. En la Lectura Angelical, podemos realizar la Lectura de los Registros Akáshicos. Sin embargo, debes tomar en cuenta que la Lectura Angélica es más amplia que la Lectura de Registros, ya que no solamente puedes leer la información que corresponda al registro, sino que también puedes canalizar otros mensajes de los Seres de Luz, para la guía y asistencia.

Estos registros están orientados a respuestas y guía mucho más profundas; de índole y caminos más espirituales que terrenales.

Son recomendables estas sesiones si estás buscando un camino de maestría espiritual; de no ser el caso, sería más apropiado realizar las sesiones de registros tradicionales. Sin embargo, también depende de lo que sientas que necesites.

ARMONIZACIÓN DE LOS CHAKRAS

El ser humano tiene cientos de chakras, son centros o conductos energéticos y a través de ellos viaja la energía por nuestro interior. Hay siete principales que son los más grandes e importantes. Están distribuidos desde la base de nuestra columna (primer), hasta la coronilla (séptimo). Cada uno posee una vibración y color específico, y se relaciona con algún aspecto de nuestra vida.

Es importante que tus chakras estén alineados y en correcto funcionamiento para que así también funcione correctamente tu cuerpo y tu mente. Cuando acumulas emociones y sentimientos sin sanar en tu campo energético se producen bloqueos en tus chakras y flujo energético.

Si la energía no fluye como corresponde a través de ti puede afectar tu mente, y por lo tanto tu forma de pensar y de actuar; tu cuerpo puede cansarse con mayor facilidad, incurres en síntomas físicos y hasta puedes llegar a tener diversas enfermedades.

De ahí la importancia de la armonización de chakras, normalmente es algo a lo que no le das importancia, pero su incorrecto funcionamiento o bloqueo puede causarte mucho daño, en corto, mediano o largo plazo según la magnitud del bloqueo y la cantidad de tiempo que perdure.

Es necesario revisar de vez en cuando cómo se encuentran tus chakras y realizar una armonización para que todo vuelva a funcionar correctamente.

Para realizar la armonización es necesario que sea de forma ordenada, se arranca del primero y se finaliza en el séptimo.

A continuación, voy a explicar un poco sobre cada uno de los chakras.

PRIMER CHAKRA O MULADHARA

Color: Rojo.

El chakra raíz es el chakra base, se encuentra en la zona baja de la columna. Se encarga de aportar energía suficiente para vivir.

El funcionamiento correcto produce seguridad física en la familia o el grupo, capacidad para proveer las necesidades básicas de la vida, sentirse a gusto en casa, ley y orden social y familiar, descanso adecuado y buena salud.

Su bloqueo produce dolor en la espalda, ciática, várices, tumor o cáncer rectal, trastornos de alimentación, depresión.

SEGUNDO CHAKRA O SWADISTHANA

Color: Naranja.

Se encuentra justo por debajo del ombligo, en la zona del sacro. Engloba el suelo pélvico, el aparato reproductor, los riñones y la vejiga. Está asociado con la sexualidad, el deseo, el amor propio y la creatividad.

El funcionamiento correcto produce vitalidad, positivismo, satisfacción con la vida, compasión e intuición. Esto genera mejoras en las relaciones personales, sensación de poder, creatividad, naturalidad hacia los demás, ética y honor en las relaciones.

Su bloqueo produce irritabilidad, falta de energía, inseguridad u obsesión con las relaciones sexuales.

TERCER CHAKRA O MANIPURA

Color: Amarillo.

Se encuentra en el plexo solar, justo por encima del ombligo. Se relaciona con el abdomen, el intestino y el sistema

nervioso. Está vinculado con las emociones como el ego o la autoestima.

El funcionamiento correcto produce más confianza, mejor concentración, mayor autoestima, conciencia universal hacia uno mismo y los que lo rodean, responsabilidad para tomar decisiones. Esto genera que sientas energía, seguridad y mejor productividad. Te hace ser generoso contigo mismo y los demás, lo cual provoca que te sientas satisfecho y feliz.

Su bloqueo produce problemas digestivos. Y, a nivel mental, problemas psicológicos como depresión, ira o trastornos compulsivos obsesivos, debido a un exceso de crítica o prejuicios.

CHAKRA DEL CORAZÓN O ANAHAT

Color: Verde.

Se encuentra en el pecho. Está relacionado con el aparato circulatorio, y con la glándula endocrina, encargada entre otras cosas del crecimiento y desarrollo, así como de inmunizarte ante enfermedades. Se vincula a emociones como el amor, el perdón y la compasión.

Su cualidad es el amor puro e incondicional.

El funcionamiento correcto produce compasión, optimismo, energía y afecto por ti y por otras personas. Es una sensación curativa y transformadora.

Su bloqueo produce problemas emocionales (ansiedad, mal humor, celos...) o problemas respiratorios (asma, alergias, cáncer de pulmón, neumonías, cáncer de mama...).

QUINTO CHAKRA O VISHUDDHA

Color: Azul.

Se encuentra en la base de la garganta. Los órganos y partes del cuerpo relacionados son, además de la glándula tiroides, la garganta, el cuello, la boca, los dientes, la mandíbula, los oídos, el esófago y los pulmones.

Está relacionado con la inspiración, la comunicación y la fe, así como con la voluntad y la capacidad de expresarse. Representa el poder de comunicarse, más allá de las palabras.

El funcionamiento correcto produce guía y purificación en tu camino desde tu cuerpo físico hasta tu verdadero ser. Cuando está alineado, sientes cómo crece tu creatividad y la comunicación constructiva.

Su bloqueo produce que te sientas tímido, cansado, falta de movilidad y problemas inmunológicos (resfriado, laringitis...), así como problemas respiratorios, entre otros.

CHAKRA DEL TERCER OJO O AJNA

Color: Morado.

Se encuentra en el entrecejo, de ahí lo de tercer ojo. Mientras que los dos ojos te dan una visión del mundo tal como es, el tercer ojo te da otra perspectiva diferente, más amplia y profunda, capaz de ver lo invisible o desconocido.

La activación del chakra del tercer ojo libera el karma acumulado de antecesores y aporta el sentido de la intuición. Está relacionado con la sabiduría, el conocimiento y la comprensión.

Este chakra te ayuda a través de la intuición.

El funcionamiento correcto produce seguridad y autoestima, sin apego a lo material y sin miedo a la muerte, se integra tu personalidad. Te enseña el significado real del perdón, desechando el odio o el rencor, ya que estos no te dejan vivir en paz y en amor contigo mismo ni con los demás.

Su bloqueo produce que te sientas inseguro de tu valía y de tus logros, te lleva a ser egoísta e incluso agresivo. Igualmente, puedes tener cefaleas, problemas de vista o cansancio visual. Se pueden generar problemas psicológicos o neurológicos (ataques epilépticos, problemas de oído o visión, de aprendizaje...)

SÉPTIMO CHAKRA O SAHASRARA

Color: Blanco.

Se ubica en la coronilla y está relacionado con el sistema nervioso.

Se considera el centro de lo espiritual, de la energía y la iluminación. Se encarga de recibir la energía divina en forma de sabiduría y conciencia de lo divino o eterno: el alma. Se trata de la conciencia de ti mismo y del universo al mismo tiempo.

El funcionamiento correcto produce que te permita ser humilde, entregarte a lo divino y al infinito.

Su bloqueo produce que puedas sentirte frustrado, infeliz, deseoso de controlar la vida y decisiones del otro, creerte superior a los demás. Puede provocar también problemas de visión, problemas para conciliar el sueño.

(Fuente de información sobre cada chakra: https://www.theclassyoga.com/que-es-yoga/otros/siete-chakras-energia/).

AL ENCUENTRO DE TU CAMINO

La sanación lleva un largo tiempo, las palabras para explicar el proceso son simples, sin embargo, es complejo y demorado.

Una vez iniciado todo, empieza a encauzarse, lo que necesitas para sanar o para vivir tu vida se empieza a presentar cuando estás preparado.

¿Esto significa que ya terminaste? ¡NO!

Significa que vas a dejar de sentirte tan perdido y vas a tener la certeza de que estás haciendo algo al respecto. Empiezan a desaparecer las sensaciones de vacío, la tristeza, la ira que surge de la nada, la envidia por lo que tienen los demás, dejas de mirar hacia la vida de los otros y te enfocas en tu progreso.

Empiezan a surgir nuevos deseos desde tu interior, por ejemplo, de estudiar algo nuevo, de hacer algo pendiente que no hiciste, aparecen actividades que nunca se te había ocurrido que te podrían gustar.

También puede ser que se te ocurran nuevas formas de concretar objetivos que antes te parecían imposibles.

Aparecen nuevas personas con quienes relacionarse o por fin sientes que estás a la altura de alguien a quien ansiabas.

El cansancio tan característico de la falta de propósito y motivación desaparece cuando uno se encuentra en el camino correcto. Llegado el punto en el que ya sanaste, empiezas a tener más energía.

El camino apropiado para ti depende del rol que quieras y decidas tener en la sociedad, de acuerdo a ello es cómo vas a poder aportar con tu vida a los demás. No puedes pasar por esta vida sin dejar tu huella tanto como puedas. ¿Estás dejando una huella positiva en los demás?

Tener la certeza en tu interior de que estás encaminado te llena de una sensación de paz insospechada. Esta paz y consciencia influyen en tus acciones, en cómo te comportas y en cómo impactas en los demás.

¡Ahora es el momento!! Debes tener la mente abierta y seguir esas nuevas sensaciones y deseos, probar cosas nuevas y no limitarte.

Para encontrar tu camino es importante que te liberes de todo lo negativo que cargas y no lo sumes a tu vida. Por eso es tan importante la sanación. Si no has eliminado las cargas que traes, no puedes estar del todo seguro de que te encuentras en el camino correcto.

Cuando tienes un sueño, si aún posees cargas, no puedes estar seguro de que ese sueño o deseo es genuino y proviene de tu ser en consciencia, lo más probable es que provenga de la carencia, de la necesidad de poseer más, de llenar vacíos, de contentar a los demás, hasta de hacer lo que creas que tus padres quieren para hacerlos sentir orgullosos.

Tu camino lo vas a descubrir y entender del todo cuando estés completamente sano y en consciencia. Es como si se disipara una nube o una tormenta que cruza tu mente y pudieras ver el sol, lo que realmente deseas en el fondo de tu corazón.

Pero tampoco enloquezcas de ansiedad pensando en ello, todo llega a su tiempo y el proceso es muy importante, enfócate en él. No solo importa el destino, sino todo lo que transcurres y aprendes en el camino para poder llegar a él.

LA FELICIDAD Y LA PLENITUD COMO FIN EN SÍ MISMAS

Todo ser humano busca felicidad y plenitud, para eso viniste a este mundo. El problema es que estás tan perdido que lo buscas en los lugares incorrectos. Ya sea por la sociedad en la que vives o la crianza que te hayan dado tus padres, la mayor parte de tu vida te la pasas persiguiendo aquello que te genera un placer momentáneo. Crees que cuando lo tengas serás feliz. Lo peor es que hay mucha gente que nunca se da cuenta de ello.

Vives equivocado, no te das cuenta de cómo funciona en realidad la plenitud.

«El arte de ser feliz está en el poder de extraer
felicidad de cosas comunes».
Henry Ward Beecher

Tal vez te ha pasado ver a los niños contentos, jugando sin preocupaciones, completamente emocionados con un regalo o un dulce. Normalmente, los envidiamos, les decimos que aprovechen a disfrutar que son niños y no tienen responsabilidades, y recordamos nuestra niñez y sus momentos felices.

¿Por qué no puedes ser feliz como los niños?

¿En qué momento perdiste el camino?

¿Quién te hizo creer que la vida de adulto era olvidarse de la felicidad o perseguir logros vacíos, y cómo es que aceptaste esta creencia?

La felicidad es una decisión, se encuentra en cada paso de tu vida. Se encuentra en la sencillez, en lo simple. Ocurre cuando te permites disfrutar de cada pequeña cosa en el día a día lo más que se pueda, no importa lo que sea.

Se encuentra en poder disfrutar al máximo el sabor de un café; en la emoción de conocer a quien te gusta y de empezar a enamorarte; en sentir el calor del sol, la brisa del viento en tu rostro o caminar bajo la lluvia.

¿Cuándo fue la última vez que frenaste tu rutina para respirar aire puro y mirar las nubes en el cielo?

¿Cuándo fue la última vez que saliste a caminar relajado bajo la lluvia solo sintiéndola?

¿Cuándo fue la última vez que disfrutaste de ir a un parque, una montaña o a cualquier otro lugar en la naturaleza?

¿Cuándo fue la última vez que disfrutaste un beso de tu pareja como si fuera el último?

¿Cuándo fue la última vez que te diste la posibilidad de ir de noche a ver las estrellas?

«La felicidad no es el objetivo, es el camino».
Wayne W. Dyer

Al ir acumulando cada momento de felicidad que seas capaz de disfrutar, en cada paso del camino, te adentras en el terreno de la felicidad.

Cuando vives en felicidad no es necesario perseguir nada, eres feliz sin más. No persigues logros vacíos, no persigues dinero, o una relación de pareja que tal vez ni sea amor, o solo sexo.

No significa que simplemente te vas a quedar quieto y frenado sin hacer nada, sino que a partir de allí todo lo que hagas va a ser bienvenido y disfrutado en su más mínimo detalle.

De esta forma, tus logros se magnifican y son eternos, no solo satisfacciones momentáneas, sino que los aprovechas y disfrutas completamente, y logras vivir en plenitud.

EVOLUCIÓN ESPIRITUAL

Es necesario que entiendas que tu evolución contribuye a la de los demás y del planeta entero. A medida que eliges el camino del crecimiento y la conciencia, los demás lo reconocen, se dan cuenta de tu abundancia y plenitud, es a lo que todos deberían aspirar, eres un faro de luz. Eres un ejemplo e inspiración para los demás.

A medida que evolucionas, tu magnetismo y consciencia, simplemente por estar cerca de los demás, los atrae en la dirección de la evolución.

> *«Si te juntas con dos tontos, el tercero serás tú; si te juntas con dos exitosos, el tercero serás tú».*
> **Anónimo**

La evolución personal es tu camino y meta al mismo tiempo. Esto significa que el objetivo no es solo llegar a la meta, sino el proceso que existe en medio.

Es muy importante entender que la evolución individual hace a la del planeta, cuanto más en consciencia estemos todos los seres humanos, más cuidaremos el medio ambiente, a los animales, tendremos menos guerras, menos hambre, menos corrupción, menos asesinatos, menos violencia.

La paz mundial hoy se ve lejana e imposible, pero, en la medida en que seamos más los que entremos en conciencia, se reducirá lo negativo en el planeta en el que vivimos. Si empezamos a cambiar y ayudar a los demás a hacerlo, un mundo mejor es posible.

Sanar y buscar tu camino implica una evolución espiritual implícita y entrar en consciencia. No es posible que descubras y entiendas tus verdaderos sueños sin que exista esta evolución.

CONTRATIEMPOS

Debes saber que el proceso de evolución nunca es lineal. Tampoco es necesariamente rápido. Se divide en distintas etapas, las cuales son diferentes entre sí y son diferentes para cada uno de nosotros.

Lo más difícil es iniciar y enfrentar por primera vez tus miedos y sombras. Nadie quiere hacerlo y, como es la naturaleza del ser humano, tratas de mantenerte en la zona de confort. Debido a ello, romper la rutina, los hábitos y la inercia del día a día te va a costar horrores. Tendrás resistencia que surgirá de tu interior como una incomodidad, y exteriormente se manifestará como distintas circunstancias adversas.

Al iniciar, sentirás cansancio, dolores, que todo te sale mal, tendrás días malos y diferencias con los demás. Sin embargo, con los primeros resultados, en tu interior, sentirás que estás haciendo lo correcto y te sentirás más liberado.

Tras haber superado la etapa inicial, las siguientes varían según cada uno. Algunas son más rápidas que otras. A veces, sentirás que pegas saltos en tu sanación y evolución. Otras, que no avanzas absolutamente nada.

Es necesario aceptar que las cosas llevan su tiempo. Puedes pasar por periodos en los que estarás frenado, pero lo que en realidad necesita tu alma en ese momento es descanso para juntar energía y así poder seguir tu camino. Como el árbol que no crece en la superficie porque en realidad está largando raíces.

No te voy a mentir, nadie dijo que sería fácil, tendrás muchos contratiempos, no lo dudes ni por un segundo. Es necesario que los aceptes, pero con eso no basta. Es imperativo que, además de no dejarte abatir, los utilices como combustible para tu evolución. Debes sacar lo mejor de cada contratiempo apenas surja, es la diferencia entre la evolución y la acumulación de emociones negativas que luego te dañarán.

Cada uno de ellos surge por y para algo específico.

«Decidí ver cada desierto como la oportunidad de encontrar un oasis, decidí ver cada noche como un misterio a resolver, decidí ver cada día como una nueva oportunidad de ser feliz».
Walt Disney

De cada adversidad, puedes tomar algo positivo, algún aprendizaje. No hay mal que por bien no venga. Así estés en las peores circunstancias, debes aprovecharlas para convertirlas en oro. Las situaciones más difíciles y dolorosas pueden ser las más provechosas, son las que te hacen despertar, entrar en conciencia y evolucionar.

OPORTUNIDADES

Las oportunidades son muy importantes en tu vida. Ellas no regresan, todas son únicas.

Cuando las aprovechas y sale todo de acuerdo a lo esperado o mejor, experimentas una satisfacción inmensa.

Como contracara, si lo intentas y el resultado no es el esperado, puedes tomarlo como un contratiempo y una lección para crecer, aprender y evolucionar.

Eso sí, de lo que nunca te perdonas es de haberlas dejado pasar y no haber hecho nada al respecto, ¿o me lo vas a negar?

¿Quién no tiene una oportunidad desperdiciada de la que se acuerda una y otra vez?

Estoy seguro de que tienes al menos una oportunidad desperdiciada para reclamarte. Hacerlo una y otra vez no contribuye para nada a tu bienestar y felicidad, hace exactamente lo contrario.

Lo que pierdes es necesario aceptarlo y dejarlo ir. Sin embargo, debes tener en cuenta la sensación que genera el no aprovecharlas y que pueden condicionar tu vida, para utilizarla así de impulso y, la próxima vez, sacarle el máximo provecho a cada una.

Mi consejo para aprovechar las oportunidades es no pensarlo demasiado. Como, por ejemplo, cuando una chica o un chico te gusta y no sabes si acercarte; si no lo haces en el primer momento sin pensarlo, te empiezan a entrar nervios y es menos probable que lo hagas. A todos nos ha pasado eso, ¿o no?

«Las oportunidades definen nuestra vida. Incluso las
que se nos van».
Brad Pitt, en *El curioso caso de Benjamin Button*

Las oportunidades son tan importantes que aprovecharlas o no hacerlo puede modificar completamente tu vida. Aceptar o no aceptar un trabajo importante en otro país, animarse a conocer a alguien, animarse a subirse en un escenario, hay tantos ejemplos para dar..., seguro tienes uno en mente.

Lo mejor para poder aprovechar las oportunidades es haber sanado todas tus cargas, saber qué quieres y estar en plena conciencia y abundancia. Pero esas serían las condiciones óptimas y, si estás leyendo este libro, lo más probable es que no cuentes con ellas.

Entonces, la solución más inmediata es utilizar el *mindfulness* a tu favor, si eres capaz de estar medianamente en presencia y conciencia, podrás hacerlo. De hecho, cuanto más estés en presencia y en conciencia, mayores serán las posibilidades de identificar y aprovechar una oportunidad.

Mi consejo es que practiques el *mindfulness* todo lo que puedas; así, cuando aparezca una oportunidad, no la perderás.

A medida que empieces a aprovechar tus oportunidades, resulten como esperabas o no, tu autoestima crecerá al igual que tu amor y respeto por ti mismo, y la capacidad de utilizar los contratiempos para tu beneficio.

CRÍTICAS

Las críticas surgen cuando alguien le presta demasiada atención a la vida del prójimo en vez de a la suya.

Si eres de criticar a los demás, intenta no hacerlo, a veces es muy difícil, pero, cuando te das cuenta de que lo estás haciendo, simplemente, detente. Es mucho más fácil ver los errores en los demás que en ti mismo.

Criticar a los demás es gastar innecesariamente energía en otras personas. Energía que deberías utilizar para ti mismo, para tu evolución y para encaminarte en tus sueños. Además, te generas karma y atraes más críticas a tu vida según la ley de atracción. Este es uno de los grandes derroches de energía de los seres humanos.

Cuando tú eres el criticado, la cosa cambia, a todos nos molesta en mayor o menor medida lo que piensan los demás de nosotros, el que diga que no le importa o miente o es uno de los seres más iluminados del planeta.

Cuando te critican, te sientes mal; si tienes baja autoestima, te afecta mucho más y es mucho más difícil hacerle frente a esas situaciones.

Entonces, has de comprender que, cuando alguien te critica, el principal problema es de esa persona, no tuyo. Partiendo de esto, debes analizar si la crítica es realmente válida o no, y no es porque lo piense esa otra persona, sino primero para que te quedes tranquilo y deje de circular por tu mente y, segundo, para que puedas utilizarlo para crecer.

¿Esa crítica tiene sentido? ¿Es real que algo está mal en ti?

Debes ser lo más objetivo posible y dejar las emociones de lado por un momento para que no limiten ni cieguen tu pensamiento. Una vez que hayas llegado a una conclusión, sea la que sea, debes utilizar el método de la sanación instantánea de las emociones negativas que generaron esta situación para no tomarlas como una carga.

Si llegaste a la conclusión de que sí había algo mal en ti o si actuaste mal, analiza cómo hacer para cambiarlo, para que puedas mejorar y crecer.

No importa si la crítica se planteó sutilmente, en forma constructiva, o fue para dañarte en un plan destructivo, te repito que eso es un problema de la otra persona. Sin embargo, es tu responsabilidad y deber utilizarlo para aprender y crecer. Si la crítica es correcta, tienes que accionar para modificarlo; si no lo es, te servirá para aprender a analizar las críticas y a que te afecten lo menos posible lo que piensen los demás. Siempre hay posibilidad de aprender.

KARMA Y DHARMA

Todos hablan del tal karma, raro sería que no hayas escuchado esta palabra, sin embargo, pocos son aquellos que conocen su verdadero significado, lo tienen en cuenta y actúan en consecuencia.

La definición más esparcida y aceptada es que el karma es un castigo por las acciones incorrectas que realizas o por el daño que les causas a los demás; si haces algún daño al otro, te vuelve en la misma medida o multiplicado. Esto es erróneo.

El karma es una ley universal de causa y efecto. Cuando realizas una acción, existe una reacción resultante. Refiere a lecciones que debes aprender.

Por ejemplo, si en una vida pasada fuiste una persona con mucho poder y dejaste a muchos en la pobreza y los oprimías, es posible que en la siguiente carezcas de poder económico o incluso seas indigente y los demás te maltraten.

¿Es un castigo? ¡Claro que no!

Significa que, como fuiste un opresor de los demás, debes saber y entender lo que significa ser oprimido, es más, tal vez, con una sola vida no te alcance y tengas que vivir otras más en la pobreza hasta que aprendas la lección.

Dependiendo de cuán grande es la lección que debes aprender, el karma se manifestará solamente en la vida que estás viviendo o en las siguientes hasta que asimiles el aprendizaje necesario.

Fuiste creado y existes con el único propósito de evolucionar, ser feliz y vivir en plenitud, aunque en este momento no lo sepas, no lo entiendas o estés en desacuerdo. Sin embargo, cuando reencarnas, te olvidas. El karma es la ley universal que nos rige y existe solo para guiarnos y llevarnos a evolucionar.

Es importante que pienses bien antes de actuar y de tomar cualquier decisión para no generar karma que te pueda afectar en esta u otra vida. Cuanto más despierto en conciencia estés, menos karma poseerás y más rápido podrás purgarlo.

Ahora bien, si mencionamos el karma, debemos hacer lo mismo con el dharma. Es posible que no hayas escuchado hablar de él, consiste en las buenas acciones que vas realizando en esta y otras vidas, se van acumulando como si fuera un banco. Esto puede ayudar a contrarrestar tu karma.

Siguiendo el ejemplo anterior, tal vez, en vidas previas a ser el opresor, te encargaste de ayudar a los pobres; entonces, en vez de tener que pasar una vida en la indigencia, podrías pasar por una vida de bajos recursos y no tan desagradable.

A medida que estás más despierto en consciencia, puedes utilizar en forma activa el dharma para contrarrestar el karma.

EVOLUCIÓN EN LAS AURAS

Aquellos que tienen la visión de las auras pueden apreciar en mayor medida la evolución de las personas, ya que son capaces de ver y analizar sus cambios.

En ellas se pueden apreciar problemas o debilidades energéticas y hasta enfermedades físicas, además, a medida que evolucionamos, van variando su color. Cada una tiene un color principal y en este existen diversas tonalidades, pero también se encuentran distintos colores esporádicos.

Si nos concentramos en los principales, son:

Blanco: Corresponde a un alma nueva, pacífica y tranquila.

Naranja: Arrancó su proceso de evolución.

Rojo: Lleva un tiempo evolucionando, ya junta varias experiencias y algunas pesan. Se basan mucho en su deseo material.

Verde: Aprendió a aceptar y sanar algunas experiencias. Vuelve a ser un alma pacífica.

Azul: Con mayor consciencia de lo espiritual.

Violeta: Gran evolución espiritual.

Dorado: Maestros espirituales.

Las auras, sin embargo, normalmente poseen distintos colores añadidos, pero solo son como manchas o vetas; acá estamos hablando del color de base, el predominante.

La evolución de tu aura muestra tu avance y crecimiento durante la vida. A medida que vas sanando, creciendo y evolucionando espiritualmente, se van haciendo más puras, fuertes y uniformes, incluso varían de color.

IMPACTO EN TU DESCENDENCIA

Estoy seguro de que la mayoría de los padres amamos a nuestros hijos con todo nuestro corazón, deseamos para ellos lo mejor que les podamos entregar, que no les falte nada y que no sufran. Lamentablemente, a veces, logramos todo lo contrario. Debería ser requisito para ser padre estar completamente sanos espiritualmente.

Cuando tienes hijos y los crías desde tus carencias, eso es lo que les compartes y heredas.

Es extremadamente importante que tengas un grado avanzado de evolución espiritual para transmitirle eso a tus hijos, para poder criarlos enseñándoles sobre la abundancia, la felicidad y la plenitud. Es importante que te sanes para no pasarles tus problemas e infelicidad.

¿Cómo puede un ciego guiar a alguien?

Cuanto más evolucionados estemos cada uno de nosotros, más evolucionados van a crecer nuestros hijos, sin acumular emociones negativas. De esta forma, ellos podrán crecer sabiendo hacerle frente a la adversidad.

El impacto que tienes en ellos es el impacto que tendrán en el mundo. Si los dañas por tu inconsciencia y crecen y aprenden así, ellos también dañaran inconscientemente. Si les enseñas a sanar y los crías desde la plenitud, la van a esparcir cuando salgan al mundo y así ellos impactaran en los demás.

Ni hablar de la paz que te genera ver a tus hijos crecer sanos y en constante evolución, verlos salir al mundo y que sepan lo que quieren. Que se manejan desde la plenitud sin sufrir y sin descubrirlo a las malas como lo has hecho tú. Entender que gracias a ti ellos son capaces de encontrar su propio camino y, como añadido, puedan impactar en los demás.

La sensación infinita de felicidad de realmente haber criado a tus hijos de la mejor forma posible, desde la consciencia, es inigualable y no tiene precio.

Si ya tienes hijos, debes identificar y darte cuenta de cómo los estás criando desde tus carencias y tu inconsciencia. No quieres que les falte nada porque es posible que te haya faltado, entonces les compras todo lo que quieran y puedas. Los estás malcriando y, al mismo tiempo, quieres que ellos se porten bien y te hagan caso en todo lo que dices y les ordenas, si no lo hacen los maltratas y les pegas, muchas veces sin tratar de explicarles con paciencia para que puedan entender el porqué.

¿Cuánto daño puede causarles esto que queda en su subconsciente y puede afectarlos durante el resto de sus vidas?

¿Qué es lo que quieres hacerles entender y cómo estás seguro de que es lo correcto si tú también estás dañado?

Los estás criando rotos, en vez de ayudarlos, acompañarlos, entenderlos y guiarlos, quieres hacer que ellos sean lo que tú quieres, cuando ellos deberían seguir su propio camino.

Limitas sus deseos y aprendizaje a lo que consideras correcto, el problema es que tú ya vienes internamente roto debido a cómo te criaron a ti, y a que no has hecho un esfuerzo por sanar tu interior, haces lo que consideras correcto desde tu inconsciencia.

Ellos, probablemente, traen cargas de otras vidas, y tú solo contribuyes en la crianza a generarles más cargas. Cuando crecen y entran en la adultez, se sienten muy rotos y con mucha presión y solo desean hacerte sentir orgulloso. Les causas muchos conflictos internos, no saben si tratar de seguir su camino o el tuyo. Lo peor es que lo más probable es que intenten primero tratar de ser lo que tú quieres y esperas de ellos, viven tristes y amargados con sentimientos contradictorios en su interior.

Sin darte cuenta, les limitas su vida adulta, condicionas su forma de actuar y solo dificultas que encuentren su camino y que puedan cumplir sus sueños. Los atas con cadenas tan grandes y pesadas que las pueden llegar a cargar el resto de sus vidas, incluso cuando ya hayas abandonado este mundo.

¿Todo por qué? Porque no te encargaste de ti mismo como debías, de sanar tus cargas y entrar en conciencia.

Los hijos son, por lo general, el reflejo de los padres. ¿Deseas que ellos sufran lo mismo que tú? ¿Deseas que permanezcan en la inconsciencia? ¿Deseas que estén rotos y vivan así el resto de sus vidas?

No creas que te juzgo, criar hijos es algo extremadamente difícil y no existe un manual correcto de cómo hacerlo, nadie tiene el manual o el secreto de cómo ser el mejor padre o madre. Tampoco espero que te deprimas, pero necesitabas estas palabras para entender lo complejo de la situación y para que tengas un empujón para despertar y entrar en consciencia.

Cuanto más en consciencia estés, más probable es que puedas acompañar, guiar y ayudar a despertar en consciencia a tus hijos, para que ellos puedan tener una vida próspera y extraordinaria.

LA LIBERTAD

Qué difícil es hablar de la libertad, un concepto tan vago, y tan diferente, para cada una de las personas existentes. Para un preso, puede significar salir de la cárcel; para otra persona, puede significar un cambio en la política del país en el que vive; para otra, tal vez, viajar por el mundo sin tener que pensar en conseguir dinero.

Somos todos diferentes y, cuando hablamos de la libertad, cada uno opina sobre su punto de vista, su realidad y sus creencias.

La verdadera libertad se encuentra en tu interior, puedes estar preso y aun así ser libre, así como lo escuchas, lo único que te mantiene preso y limitado son las barreras de tu mente y lo que pase por ella.

La libertad está en cada uno de tus actos, de tus sentimientos y pensamientos. Si te consideras libre, así lo serás, has de disfrutar toda la creación, cada momento, cada paso de tu camino, y así serás libre. Solo lo serás cuando liberes tus ataduras internas, todas las cargas, emociones, deseos y ambiciones negativas.

Solo serás libre cuando tu alma lo sea. La única forma de entender este concepto es siendo capaz de sentirlo y apreciarlo cuando ya hayas llegado al punto de la iluminación.

«El hombre nunca ha encontrado una definición
para la palabra libertad».
Abraham Lincoln

Podríamos debatir por horas sobre sus distintas definiciones, pero, cuando seas libre, lo sentirás desde el fondo de tu corazón, en cada una de las células de tu cuerpo. Cuando seas libre, nadie podrá limitarte o frenarte, y podrás lograr todo lo que te propongas.

La libertad es uno de los objetivos a los que deberías aspirar. Poder ser libre a pesar de lo material y de las circunstancias de tu vida.

EL PERDÓN

«El perdón es el camino más rápido hacia un camino
espiritual y la paz interior de la mente».
Muhaya Haji Mohamad

Es muy importante el perdón a los demás y el perdón a uno mismo.

Perdonar es de lo más lindo que puedes lograr como ser humano. Implica:

Entender que nadie es perfecto y que todos cometen errores.

Sentir empatía por los demás, por más que te hayan ofendido y lastimado.

¿Cómo perdonar a los demás?

Para perdonar a los demás, tienes que ponerte en su lugar y tratar de entender por qué hizo lo que hizo. Esto no significa que compartas o que estés de acuerdo con lo que haya hecho en la situación en la que se encontraba. Solo significa que lo entiendes.

Perdonar no implica olvidar lo sucedido, sino reconocerlo, aceptarlo y dejarlo ir.

Tampoco significa que vas a ir por la vida permitiendo que los demás hagan lo que quieran contigo, «total soy muy bueno y después los perdono». Absolutamente no, eso es faltarte el respeto a ti mismo y carecer de amor propio.

Por ejemplo, si alguien te fue infiel, perdonar no significa seguir en la misma relación con esa persona, sino poder aceptarlo y dejarlo ir, sin guardar rencor o alguna emoción que te dañe.

Beneficios de perdonar a los demás:

Liberarte del daño que te causaron, que no se repita una y otra vez en tu mente.

Liberarte de las emociones negativas asociadas al suceso, como pueden ser la ira, la impotencia y la tristeza.

Mejora tus decisiones.

Aumenta tu paz.

Mejora tus relaciones personales, familiares y laborales.

Mejora tu autoestima y salud.

Mejora tu positivismo y energía.

Efectos negativos por no ser capaz de perdonar:

Guardas emociones negativas como rencor, ira, tristeza.

Tus relaciones se dañan constantemente.

Tratas mal a otras personas que ni siquiera entienden por qué, ya que no hicieron nada para dañarte.

Te quedas cada vez con menos amigos, ya que eres cada vez menos tolerante.

Tus relaciones de pareja duran poco o no son relaciones sanas.

Estás limitado en tu accionar por cargas emocionales.

Vives en la negatividad y la atraes.

«Tras una ofensa, la manera de recuperar el sosiego, de ganar libertad y equilibrio psicológicos es perdonar. Solo así curaremos nuestra herida y evitaremos que el resentimiento nos paralice».
Demián Bucay

¿Cómo perdonarte a ti mismo?

Esto es mucho más complicado, ojalá usaras la misma vara con la que juzgas para perdonar a los demás. Así te cueste perdonar a las personas, perdonarte a ti mismo siempre es mucho más difícil.

Es increíble cómo tu mente te lleva a regañarte una y otra vez por los errores cometidos, te golpea como si fueras la peor persona del mundo. Debes alejarte de esa autoflagelación antes de que te destruya.

Perdonarte no significa justificar u olvidar lo que hiciste, porque de ser el caso probablemente lo hagas de nuevo. Significa, como mencioné anteriormente, que aceptas que eres un ser humano como los demás y que cometes errores; también tratar de aprender de lo sucedido para actuar mejor la próxima vez.

Beneficios de perdonarte a ti mismo:

Liberarte del peso y de la carga de emociones que te genera.

Mejora tus decisiones.

Mejora tus relaciones personales, familiares y laborales.

Mejora tu autoestima y tu salud.

Mejora tu positivismo y energía.

Efectos negativos por no ser capaz de perdonarte:

Guardas emociones negativas como rencor, ira, tristeza.

Tus relaciones se dañan constantemente.

Tratas mal a otras personas que ni siquiera entienden por qué, ya que no hicieron nada para dañarte.

Te quedas cada vez con menos amigos, ya que eres cada vez menos tolerante.

Tus relaciones de pareja duran poco o no son relaciones sanas.

Estás limitado en tu accionar por cargas emocionales.

Vives en la negatividad y la atraes.

Te cuestionas todo el tiempo, de manera excesiva, si estás haciendo lo correcto, y repasas una y otra vez acciones que ya realizaste.

Te cuesta tomar decisiones.

Puede llegar a producirte depresión.

Los efectos positivos y negativos son bastante parecidos, pero no perdonarse a uno mismo es mucho más grave, porque uno convive con uno mismo todos los días. Si no te perdonas lo que has hecho, ¿cómo eres capaz de vivir contigo mismo?

«Perdonar es negarse a contaminar el futuro con los errores del pasado».
Craig D. Lounsbrough

Puedes vivir sin perdonar a los demás, aunque no es la mejor vida. Sin embargo, mientras no te perdones a ti mismo, tu existencia está completamente limitada, es triste y mediocre. Estás constantemente con cuestionamientos internos, se te pasan las oportunidades porque tienes una capacidad de decisión limitada, luchas contigo mismo. Cuando llegas a tomar una decisión, luego te la reclamas una y otra vez. Así la vida se te pasa, ocupando demasiado tiempo en luchar contigo y gastando mucha energía en ello, tanto que no tienes ni tiempo ni energía para dedicárselos a tu felicidad.

Si quieres encontrar tu camino y ser feliz, has de perdonarte, si no, no te quedará ni tiempo ni energía y no podrás cumplir tus sueños.

HUMILDAD

No importa cuánto hayas avanzado en tu camino o evolucionado espiritualmente, nunca tienes que perder la humildad.

«La humildad es el fundamento sólido de todas las virtudes».
Confucio

¿Qué es la humildad?

La Humildad es conocerte a ti mismo, ser consciente de quién eres y actuar acorde a ello, significa no pretender ser alguien más o tener más; es ayudar al prójimo como te han ayudado o te hubiera gustado que te ayudaran; es saber mantener tu esencia a pesar de las circunstancias sociales o económicas; es ser coherente y vivir en armonía contigo mismo y los demás seres de la creación.

La humildad no hace alusión a no reconocer o minimizar tus propios logros, talentos y virtudes por aparentar o por lo que piensen los demás, sino a reconocerlos sin alardear de ellos. No reconocerlos implica falta de amor propio y falta de respeto a ti mismo. Es lo que se considera la falsa modestia, o falsa humildad.

En cambio, hacer alarde y vanagloriarte implica soberbia y arrogancia, creer que eres mejor que los demás.

La humildad está en medio, como todo en la vida, la virtud está en el equilibrio.

«En esencia, no eres inferior ni superior a nadie,
la verdadera autoestima y la verdadera humildad
surgen de esa comprensión».
Eckhart Tolle

Es importante aprender a tener humildad porque es la base de todas las virtudes. Va de la mano con la apertura al cambio, ya que es necesario aceptar que no sabes todo y que puedes aprender mucho más. También significa que entiendes que no eres más que los demás y, por lo tanto, te genera mayor capacidad y voluntad para ayudar a tu prójimo. Con humildad es más fácil perdonar a los demás, porque entiendes que todos, incluso tú, cometen errores. Por este motivo, además, juzgas menos, entiendes que nadie es perfecto.

Es necesario porque no puedes vivir aparentando ser algo que no eres, eso te causa estrés, disminuye tu autoestima, dificulta tus relaciones con los demás y limita tu camino de crecimiento y desarrollo en la vida.

Si te vas para el lado de la soberbia y la arrogancia, eventualmente, terminas solo, nadie quiere a alguien con estas características, te van apartando de a poco, la mayoría ni siquiera te dirá que no te quiere cerca, pero te darás cuenta de que se alejan. Si logras formar relaciones personales, de amistad o de pareja, serán relaciones superficiales, carentes de sentido y, por lo general, poco duraderas.

En cambio, si vas para el lado de la falsa modestia, sientes que nadie te valora ni aprecia realmente lo que haces o quién eres, y te puedes llegar a sentir invisible. Si tú no eres capaz de valorarte, respetarte y amarte, ¿porque deberían hacerlo los demás?

Lo más importante es tu interior, si te valoras, te respetas y te amas, los demás lo harán, y si no lo hacen, realmente no te va a importar, porque estarás en equilibrio contigo mismo.

La humildad abre las puertas para todo en tu vida. Mantenerte humilde te hace ser muy grande, eres más feliz, tienes más relaciones con los demás y son más sinceras sin necesidad de aparentar, consigues ayuda cuando la necesitas, es mucho más fácil lograr tus sueños, encuentras más fácil lo que buscas.

En fin, la humildad te llevará a tener la vida de tus sueños, a encontrar tu camino y conseguir todo lo que deseas.

AYUDAR AL PRÓJIMO

Cuando permaneces en abundancia y plenitud, deseas fervientemente ayudar a los demás. Se convierte en algo bastante importante en tu vida.

Da una enorme satisfacción generar un impacto en la vida del prójimo. Ya sea no solo simplemente por nuestra forma de actuar y de ser, sino también aconsejándolos y guiándolos en su sanación a base de nuestras propias experiencias.

La prioridad es aprender a amarte y respetarte a ti mismo. A partir de eso, podrás luego ayudar a los demás sin olvidarte de ti y sin descuidarte.

De nada vale que por ayudar pierdas tu camino y tu plenitud. Es imperativo para tu evolución y la de otros que haya un equilibrio entre el dar y el recibir. Esto no es un tema menor.

Tienes que evitar a toda costa vivir para los demás entregando todo lo que tienes, sin saber decir que no, hasta sentirte vacío y utilizado. Esto es una falta de respeto y amor hacia ti mismo y tarde o temprano te pasa factura.

¿Cómo me doy cuenta si estoy dando más de lo que recibo?

Lisa y llanamente, lo mencionado anteriormente, te hace sentir vacío, utilizado, y que nadie te valora ni a ti ni al esfuerzo que haces, sientes que te cuesta. Además, te genera un gasto energético y, por consecuencia, cansancio sumado a la insatisfacción después de haber entregado de más.

«Un equilibrio entre dar y recibir es esencial para mantener la energía, el estado de ánimo y la motivación en un nivel constantemente alto».
Virtud de Doreen

Ayudar al prójimo potencia tu evolución, te ayuda a contrarrestar tu karma y a mejorar tu dharma, a darte cuenta de que tu vida no es tan mala como pensabas, sino que es lo que alguien más imagina como extraordinaria y de que, en realidad, tienes todas las posibilidades a tu alcance para ser feliz.

Nadie es perfecto, y todos tienen sus problemas, que los agrandan y consideran demasiado importantes cuando tal vez no los son, tú haces lo mismo. Es como el niño que no estudió para un examen, tiene muchísima presión, y su corazón no para de latir extremadamente fuerte, y siente como si fuera el fin del mundo, la realidad es que es solo un examen. De esta forma, como muchas veces, te topas con problemas que sientes que se te viene el mundo encima, los demás igual, y tal vez solo necesitan que les des una mano para darse cuenta de que no era tan grave.

JUZGAR

Desde pequeño, todo ser humano crece aprendiendo a juzgar a los demás, es algo que, como raza, hemos tomado natural y está implícito en nosotros. Desde hace miles de años, es muy importante juzgar y prejuzgar para sobrevivir, es un mecanismo de supervivencia.

Sin embargo, extiendes este mecanismo para la vida cotidiana y vives juzgando a los demás, lo que hacen o dejan de hacer, lo que comen, lo que escriben o suben en las redes sociales, su forma de trabajar, o sus pensamientos cuando los expresan.

Para todo hay un juicio y, en la mayoría de los casos, ni siquiera intentas ponerte un poco en los zapatos de los demás. Según tus creencias, tus verdades y tu realidad, juzgas sin parar, sin que te importe nada.

Lo peor es que estás tan acostumbrado y lo has naturalizado tanto que no te das cuenta, no te paras a pensar en lo que estás haciendo.

¿Cuál es el problema de vivir juzgando a los demás?

El problema es que no vives tu vida: en vez de concentrarte en ti, en lo que estás haciendo, en tus errores y talentos, en lo que podrías aprender; en lugar de prestarte la atención que te mereces para tu evolución, desarrollo, y en vivir, te la pasas viendo la vida de los demás y criticando.

La realidad es que nadie es perfecto; si buscas, vas a encontrar miles o millones de defectos en los demás, pero en vez de eso deberías dedicar tu tiempo y energía en concentrarte en tu vida y en mejorar y crecer.

Ni hablar de que, según el funcionamiento de la ley de atracción, cuanto más pensemos, nos fijemos y hablemos de lo negativo de la vida de los demás, más negatividad atraeremos a nuestra vida.

Es necesario que empieces a ser consciente cuando estás por juzgar a los demás y pienses si realmente es necesario o aporta algo a tu vida; si no es así, no lo hagas. Si estás en un grupo que lo está haciendo, simplemente mantente callado. Una de las formas para evitar gastar energía en eso es la práctica del *mindfulness*.

Recuerda, juzgar hace daño, tanto al que juzga como al que es juzgado, ¿necesitas esto en tu vida?, ¿te aporta algo positivo?

> **«Si te preocupas demasiado por descubrir lo que hay de bueno o de malo en tu prójimo, te olvidarás de tu propia alma, te agotarás y serás derrotado por la energía que has gastado en juzgar a los demás».**
> **Paulo Coelho**

La verdadera importancia de juzgar a los demás radica realmente en la supervivencia. Debes juzgar para saber si quieres o debes relacionarte o no con los demás, sea el ámbito que sea, desde una amistad a una relación de pareja o por negocios. En este sentido, no podrías ni deberías dejar de hacerlo, sería muy malo para ti.

Sin embargo, hacerlo solo por criticar a los demás y encontrar cada mínimo defecto en ellos es negativo para todos los involucrados. En ti conlleva gasto de energía y atraes más de eso en tu vida; los juzgados, si se enteran, es muy probable que se sientan mal al respecto; el que está en medio escuchando puede verse involucrado en un conflicto que no le corresponde o incluso haberse sumado a la crítica.

Así pierdes la confianza de los demás y tus relaciones se deterioran o, peor, atraes personas que hacen lo mismo, y tus relaciones son poco sinceras y reales, apenas te das vuelta el criticado eres tú.

Debes tratar de permanecer en conciencia y prestar atención a lo que piensas y dices, juzgar solo lo estrictamente necesario y evitar criticar a los demás. De esta forma, cuidas tu energía y tu tiempo, no dañas o contribuyes a dañar a los demás, construyes relaciones más sinceras y duraderas.

LA AMBICIÓN

Estás acostumbrado a vivir deseando más cada vez más y está bien, está en la naturaleza del ser humano, la ambición es necesaria y productiva. Es muy buena; desde el inicio de los tiempos, ha construido ciudades y creado posibilidades de crecimiento, desarrollo y evolución. De hecho, sin ir más lejos, ¿si no ambicionas más por qué estarías leyendo estas palabras?

De todas formas, la ambición desmedida, sin razón de ser, es destructiva. Debe tener bases sólidas como la humildad, el crecimiento, la ayuda al prójimo, la intención de beneficiarse uno y a los demás, o por lo menos no dañar a nadie en el proceso.

Debe surgir de la plenitud y la abundancia y de querer compartirlas con los demás, de no ser así, caes en correr detrás de algo sin sentido para llenar vacíos constantes, y no logras nada o, cuando lo haces, sientes que no valió la pena y vas tras algo más o, cuando lo consigues, lo pierdes.

También en forma desmedida te hace intentar aparentar y vivir más allá de tus posibilidades en ese momento, por ejemplo, cuando te endeudas para comprar un coche o cualquier otra compra como ropa demasiado cara o una casa excesivamente grande y lujosa.

> *«La ambición es un vicio, pero puede ser la madre de*
> *la virtud».*
> **Quintiliano**

No ambicionar absolutamente nada también es extremadamente negativo. ¿Qué sentido tiene la vida sin ambiciones?

Sin ella, no eres capaz de hacer nada valioso ni para ti ni para los demás, te precipitas en el fracaso y la mediocridad, no eres capaz de aprovechar tu potencial, sea cual sea, para tu beneficio y el de la sociedad.

El ser humano no puede ni debe estar libre de ambición, si no, ya se hubiera extinguido. Debes encontrar el punto justo, el equilibrio es necesario. Además, debes dirigirla en la dirección correcta, como en el momento de leer estas palabras, estas dirigiéndola a tu crecimiento espiritual. Dirigida de forma incorrecta, la ambición es negativa para ti y para los demás. Te generas karma que luego habrás de purgar y además dañas a tu prójimo, o simplemente a ti mismo.

Por todo esto, siempre debes, en conciencia, analizar la raíz de esa ambición que está en tu interior para saber si es correcta, y para considerar si el proceso y el resultado será positivo para ti y para los demás.

¿Desde dónde surge, del vacío o de la abundancia?

¿Cuál es el objetivo?

¿Te beneficia a ti en detrimento de los demás, o beneficia a todos los involucrados?

RELIGIÓN

Las religiones son un tema complejo, y las personas se pueden poner susceptibles y reticentes a cuestionarse con respecto a ellas. Las bases y las enseñanzas que poseen en general son muy buenas y positivas para la ética y moral individual y de toda la sociedad. Sin embargo, a pesar de todo lo positivo, grandes atrocidades han sido cometidas en el nombre de las distintas religiones y, sobre todo, en el nombre de Dios.

Las diferentes creencias pueden llevar a la no tolerancia, al repudio o a la exclusión de aquel que piensa o se comporta diferente, por ejemplo, de una persona homosexual, al mismo tiempo que entre sus enseñanzas se encuentra amar al prójimo.

Como para todo caso en la vida, es necesario que tengas la mente abierta, el pensamiento crítico, además de cuestionarte y analizar cada una de sus enseñanzas antes de asimilarlas y comportarte en consecuencia. Bien utilizada, la religión puede contribuir enormemente a tu desarrollo y crecimiento espiritual.

Las doctrinas pueden haberse definido mucho tiempo atrás por alguien con mayor evolución espiritual y en mayor consciencia, o no. Las religiones están conformadas por seres humanos, los cuales son imperfectos y, como sabes, todos cometemos errores; por lo tanto, a lo largo de la historia y, por qué no, tal vez hoy, personas dentro de la religión solo tienen la intención de manipular a los demás en su propio beneficio.

Es imperativo que tengas mucho cuidado de no caer en fanatismos, para que así, si es tu decisión seguir una religión, puedas tomar lo mejor de las enseñanzas sin seguir ciegamente a sus líderes, y de esta forma aprovecharla realmente para tu evolución.

Las religiones fueron creadas hace mucho tiempo para poder guiar a las personas en el camino espiritual, necesitaban algo en que creer y enseñanzas de ética y moral que poder seguir. Se iniciaron porque en ese momento la evolución, la inteligencia y la percepción de los seres humanos eran muy básicas, era necesario un camino general que todos pudieran seguir.

Si a ti realmente te beneficia seguir una religión, bien por ti, continúa con tu camino, pero hoy el ser humano está para más, tú eres capaz de comprender e ir por mucho más. Además, si la religión fuera realmente para ti, no deberías haber llegado hasta este libro y menos haber leído hasta estas palabras.

LA CREACIÓN

En cada parte de la creación, en cada persona, en cada nube, en cada animal, en cada árbol, existe luz, a pesar de todo. Hasta en el más mínimo insecto.

Es necesario entenderlo y aceptarlo, la diferencia es si estamos perdidos o no, o cuanto manifestamos de esa luz.

Debido a ello, deberíamos aprender a desarrollar el amor por toda la existencia. Tenemos que hacer nuestro mayor esfuerzo en tratar de no juzgar y respetar, por más que a veces sea extremadamente difícil.

Debemos desarrollar el amor por todo lo creado, cuidar y respetar el planeta y la naturaleza, dejar de contaminar los ríos y los océanos, dejar de talar los árboles como si no hubiera mañana, dejar de matar animales hasta extinguirlos como si fueran nuestros enemigos.

El planeta y la creación nos van a cuidar y responder con la misma medida que nosotros lo hagamos con ellos.

El corazón de la creación, de la fuente del universo, o de la luz universal y cósmica, como lo quieras llamar, el centro de todo, se construye y desarrolla entre todos, se nutre, alimenta y evoluciona con la luz de todos los seres existentes.

Significa que para la evolución del todo es necesaria la de cada uno de nosotros. Al evolucionar el todo, también ayuda a la evolución individual de cada uno. Es una cadena sin fin. Por lo tanto, si ninguno de nosotros evoluciona, o somos pocos los que lo hacemos, seguimos más tiempo todos sumidos en la oscuridad, el sufrimiento y la inconsciencia.

Este es el porqué de que necesitamos evolucionar y ayudar a los demás a hacerlo, para que cada vez esté toda la creación en mejores condiciones, en consciencia, y evolucionemos como un todo, no solo como seres individuales. En algún punto, todos estamos conectados.

LA CAPACIDAD ILIMITADA DEL SER HUMANO

La capacidad, la inteligencia y las ocurrencias del ser humano son infinitas. Cuántas veces habremos pensado «que increíble, ¿a quién se le ocurrió esto?».

Nos adaptamos todo el tiempo, inventamos a diestra y siniestra, evolucionamos tecnológicamente como sociedad. Cada vez que tenemos una necesidad, o creemos tenerla, surge uno de nosotros con una idea que genera un impacto en toda la sociedad, ya sea grande o pequeño.

Sin embargo, ¿nos paramos a pensar en cómo impactan nuestras invenciones en los demás y en el planeta?

Tuvimos la capacidad de crear la bomba atómica y también máquinas que limpian la basura de los océanos. ¿Qué te parece más positivo?

Es necesario que despiertes en conciencia y puedas utilizar tu inteligencia para el bien del ser humano y para el bien del planeta. Tu búsqueda y tu camino deben dirigirse hacia lo mejor para ti mismo y para toda la creación.

Cuanto mayor sea tu inteligencia y tu capacidad, mayores serán tus responsabilidades, y más necesario será que despiertes en consciencia para que puedas utilizar tu capacidad para el mayor beneficio de todos los seres humanos y del planeta entero.

¿Te imaginas que todos utilizaran su capacidad en sintonía con el bien común?

LA SED DE PODER

El deseo insaciable de poder se encuentra en lo más bajo de la inconsciencia, es el deseo de llenar tu interior con el control sobre los demás y sobre todo lo que se pueda. Es sentir la necesidad irrefrenable de ser intocable. Esto es muy peligroso para ti mismo y, sobre todo, para los que puedan cruzarse en tu camino.

Este deseo no conoce límites, es como una droga o adicción, siempre puedes tener más poder, y nunca te sientes satisfecho.

Tu mente te hace creer que es porque todavía no tienes el poder suficiente o que te mereces.

Si este deseo te controla, además de ti, todos los que se crucen en tu camino serán dañados de una u otra forma, hasta las personas que ames o creas que ames. Tal vez las dañes a propósito o tal vez no, pero así será.

Este deseo, además de partir del vacío que sientes en tu interior, se combina con una base sólida de egoísmo, y eres capaz de convertirte en una persona que destruye todo lo que toca o a lo que se aproxima.

¿Qué debes hacer si te das cuenta de que te consume la sed de poder?

Para combatir la sed insaciable de poder, la mayor arma que existe es la consciencia y la humildad.

Primero, debes tratar de entender que el poder por sí mismo no te traerá felicidad ni llenará ese vacío en tu interior; partiendo de ello, debes sanar lo que sea que esté en tu interior que te cause esa sensación y que te impulse a querer cada vez más poder.

Puedes utilizar distintos métodos, los que te recomiendo, rápidos y efectivos, son la lectura de registros akáshicos y la terapia de regresiones. Sin embargo, está en ti encontrar el método que más se ajuste, hasta podría ser solo terapia tradicional, sin embargo, a mi parecer, esto es demasiado lento a la hora de obtener resultados.

Una vez que encuentres la raíz de lo que te ocurre, comenzarás a sanar y a entrar en consciencia. Desde ella, van a surgir la humildad y la necesidad y posibilidad de resarcir los daños causados en tu antigua búsqueda de poder.

Es muy difícil poder escapar de la sed de poder, es un círculo interminable en el que no te das cuenta de que te encuentras. Y, si te das cuenta, tampoco te importa debido a la inconsciencia que guía tus actos.

Ojo, el poder por sí mismo no es malo, se puede utilizar para hacer cosas buenas y grandiosas, para el beneficio de todo un pueblo, de una nación o incluso del planeta entero. En manos de alguien con conciencia y humildad es de las mejores herramientas para el crecimiento y evolución de un pueblo, nación o incluso del mundo entero.

El poder es beneficioso en la misma medida de conciencia que posea el que esté ejerciendo dicho poder.

«El poder es peligroso a menos que tengas humildad».
Richard J. Daley

MAESTROS, GUÍAS ESPIRITUALES Y SERES DE LUZ

Los seres de luz surgen de la fuente de la creación, del universo o de Dios, como quieras llamarlo. Ellos acompañan y apoyan tu proceso de crecimiento en esta vida. Son seres sagrados que intentan ayudar en tu despertar de consciencia y te pueden ayudar en tu vida diaria.

Son aquellos seres que, en su mayor parte, ya pasaron y vivieron lo mismo que tú, y más todavía. Están en un mayor nivel de conciencia, más evolucionados e iluminados. Ellos encuentran su realización en ayudar en tu camino de desarrollo, crecimiento y evolución.

Los más conocidos son maestros o guías espirituales, ángeles y arcángeles, pero hay infinidad de seres de luz. Puedes creer en ellos o no, pero siempre están ahí y pueden echarte una mano.

Los seres de luz son los mejores amigos que puedes tener, ellos nunca te van a abandonar, los puedes llamar y solicitar su ayuda desde donde sea y en la situación en la que te encuentres. Que no creas en ellos no significa que no te vayan a ayudar, sin embargo, solo pueden intervenir en tu vida si lo permites o solicitas. Siempre respetan tu libre albedrío y voluntad. Es necesario que entiendas que su único objetivo es ayudarte.

Se encuentran en planos o dimensiones más elevadas y sutiles. Sus formas de responder son diversas, no necesariamente como esperas. Solo necesitas pedirlo, en voz alta o simplemente con tus pensamientos. Si necesitas confirmación de que están ahí, puedes pedirles pequeñas señales, y ellos te las darán, tienes que estar atento para percibirlas.

No siempre podrás sentirlos, verlos, escucharlos o interpretar alguna de sus señales. Depende del nivel de consciencia en el que te encuentres, pero siempre que te intentes comunicar con ellos, estarán ahí, para escucharte, acompañarte y ayudarte.

Existen seres de luz especialistas para lo que seas capaz de imaginar. Si te sientes con miedo y vulnerable, puedes solicitar que te protejan; si algo importante se te perdió, puedes solicitar ayuda para encontrarlo; si se rompió tu automóvil, puedes solicitar ayuda para que sea reparado solicitando un ser de luz experto mecánico.

Todo lo que solicites, si tienes fe y corresponde la ayuda porque no dañe a nadie en tu solicitud, ellos te la enviarán de alguna forma. ¿Significa que tu automóvil se repara solito? Pues no, pero, por ejemplo, te pueden hacer llegar por medio de una recomendación, o te puedes encontrar caminando por la calle a algún mecánico. La ayuda no necesariamente llega como la esperas, tienes que estar atento y aceptarla de la forma que llegue.

Siempre recuerda agradecer por las soluciones que te aporten, es más, deberías agradecerles incluso antes de que la solución esté manifestada en tu vida. El camino crítico es solicitar lo que necesites, imaginar que ya lo conseguiste, agradecer y luego dejarlo ir, aprender a soltar el resultado, al igual que la ley de atracción. Este proceso te ayudará a obtener mejores y más rápidos resultados.

DE LA TEORÍA A LA PRÁCTICA

Cada tema mencionado en este libro se desarrolló de manera simple y acotada, podríamos haber extendido mucho más cada uno de ellos, sin embargo, no es necesario o hasta podría resultar inconveniente e improductivo. Se mencionó y desarrolló lo que considero que es más importante de cada uno, lo que deberías guardar en tu mente y que te sirve para tu vida diaria.

De todas formas, te lo advierto, no creas absolutamente nada de lo que escribí. Léelo un par de veces, analízalo a fondo, cuestiónalo como deberías hacer con absolutamente todo en tu vida para que nadie te manipule, debes ser crítico con todo lo que asimilas.

Así mismo, debes mantener la mente abierta a las posibilidades y tomar lo que más te resuene.

Coincidas conmigo o no coincidas en lo que escribí, lo tomes o no lo tomes, la realidad es que ninguno de todos estos conceptos y conocimientos desarrollados te sirve o te sirve muy poco solo por el hecho de haberlos leído.

Tienes que implementarlos, dudando de sus resultados si es necesario y juzgando por ti mismo si es correcto o no lo es, si te sirve o no te sirve.

Sin práctica, sin aplicarlo, de nada te servirá todo esto, o el beneficio será casi nulo.

Debes pasar a la acción, es tu momento, tienes el conocimiento básico necesario para poder cambiar tu vida y que sea extraordinaria, para poder lograr tus sueños y más, por lo tanto, ya no tienes excusas. Sin embargo, el conocimiento por sí solo no sirve de nada, es hora de implementarlo, de que te responsabilices y controles tu vida y hacia dónde te diriges.

Tú eres imperfecto, tienes tus procesos y tus tiempos de aprendizaje, al igual que todos los demás, pasar a la práctica toda la información recibida no significa realizar o aplicar todo junto ni que te queden grabados todos los conceptos y conocimientos después de haberlos leído. Ten paciencia, date tiempo y no te castigues por cometer errores, aprovéchalos para aprender.

Es posible que sin darte cuenta pierdas momentáneamente la humildad, que juzgues a los demás, que te enojes con alguien por alguna creencia que posees; a mí también me pasa aún, seguimos siendo seres humanos. Lo importante es que estés atento, lo notes lo antes posible y analices la causa. Por qué ocurrió, cómo lo puedes reparar si ocasionaste algún daño, qué fue lo que lo detonó, cómo hacer para tratar de actuar diferente en el futuro, qué debes aprender de la situación.

«La inteligencia consiste no solo en el conocimiento,
sino también en la destreza de aplicar los
conocimientos en la práctica».
Aristóteles

LLEGAMOS AL FINAL

Lo que se menciona en este libro, lo he aprendido gracias a lo que pasé a lo largo de mi vida. Me costó muchas lágrimas, tristeza, angustia, caer en excesos o encerrarme en mi casa y en mi cuarto por días, incluso semanas sin salir.

Para obtener este conocimiento, llegué al fondo y logré salir.

Deseo con todo mi ser que haya llegado a ti antes de que debas caer hasta el fondo o, al menos, si ya estás ahí, que estas palabras hayan alcanzado tu corazón que se encuentra oculto en la oscuridad y en las tinieblas de tus sentimientos, y en las cargas que traes contigo sea de la vida que sea.

Espero que al tocar tu corazón puedas inspirarte con mi historia y el conocimiento que te brindo y tengas la motivación y voluntad necesarias para que regreses a la luz, para que despiertes en consciencia, para que sanes todo lo que te lastima, para que encuentres tu camino y seas un ejemplo para los demás.

Te envío mis mayores deseos de abundancia, paz y prosperidad.